东南地区畲族女性学校教育研究

DONGNAN DIQU SHEZU
NÜXING XUEXIAO JIAOYU YANJIU

兰俏梅／著

法律出版社 LAW PRESS · CHINA
北京

图书在版编目(CIP)数据

东南地区畲族女性学校教育研究 / 兰俏梅著. -- 北京：法律出版社，2023
ISBN 978 -7 -5197 -7702 -9

Ⅰ. ①东… Ⅱ. ①兰… Ⅲ. ①畲族－女性－少数民族教育－学校教育－教育研究－中国 Ⅳ. ①G759.2

中国国家版本馆CIP数据核字(2023)第061502号

东南地区畲族女性学校教育研究
DONGNAN DIQU SHEZU NÜXING XUEXIAO JIAOYU YANJIU

兰俏梅 著

责任编辑 陈昱希
装帧设计 臧晓飞

出版发行 法律出版社
编辑统筹 法规出版分社
责任校对 张红蕊
责任印制 耿润瑜
经　　销 新华书店

开本 710毫米×1000毫米 1/16
印张 13.5 **字数** 204千
版本 2023年3月第1版
印次 2023年3月第1次印刷
印刷 北京建宏印刷有限公司

地址:北京市丰台区莲花池西里7号(100073)
网址:www.lawpress.com.cn
投稿邮箱:info@lawpress.com.cn
举报盗版邮箱:jbwq@lawpress.com.cn

销售电话:010－83938349
客服电话:010－83938350
咨询电话:010－63939796

书号:ISBN 978－7－5197－7702－9
定价:68.00元

凡购买本社图书,如有印装错误,我社负责退换。电话:010－83938349

目录 Contents

第一章　导　论

中国东南地区世居少数民族主要有黎族、壮族、瑶族、畲族、回族等。畲族是一个流动迁徙的山地民族，因此畲族群众自称“山哈”，意为“住在山里的客人”。作为东南地区分布区域最为广泛的世居少数民族，畲族在广东、福建、浙江、江西、我国台湾地区等地呈现大杂居、小聚居、互嵌式的分布特征。根据中国2020年第七次全国人口普查统计，畲族人口共有746,385人，其中绝大部分居住在福建、浙江、广东与江西的广大山区，其余则散居在贵州、湖北、湖南、安徽等地。

在长期的历史发展历程中，畲族既保留了自身少数民族的许多优良特质，又因为文化涵化而具有东南地区的区域特点。在东南地区以畲族为研究对象最具有典型性与代表性。本课题聚焦畲族女性学校教育，立足于畲族具体历史时空的社会环境和文化生态，思考畲族女性学校教育在畲族整体民族生态中的重要性和其对后续民族发展的必要性，具有重大的现实价值与理论意义。就现实价值而言，一方面，本研究将进行深入的实地调查，为学术界提供丰富的学术素材，并为正在落实的《中国教育现代化2035》提供鲜活的个案参考。另一方面，以科学理性的学术思考为逻辑起点，客观审视上述资料，并结合畲族的历史状况与现实语境，将畲族的生存与发展置于大历史脉络中，总结以往在指导畲族现代化发展过程中的经验与疏漏，从而为畲族提供一条可持续发展道路。就理论意义来说，本研究为人类学的教育问题研究提供本土经验；在此基础上，探索少数民族在现代化进程中的可持续发展路径，并与国内外探讨少数民族的生存与发展研究展开学术对话。

第一节　研究缘起

我国的少数民族主要分布在西南、西北和东北等边疆地区，整体呈现大杂居、小聚居、相互交错居住的分布特点。这样的分布格局是各民族在历史发展过程中相互交往、交流、交融的互动结果。在特殊的地理、气候、历史条件下，经过长年累月的生活，逐渐形成了体态、气质、语言、服饰及生产、生活方式等方面各不相同的民族共同体。通常来说，少数民族聚集得越多的地方，其地理、气候、历史条件就越突出，民族文化特征也越明显。

然而，当前学界对中西部地区的少数民族关注较多，对散居在东南地区的少数民族关注较少。这固然与中西部的少数民族较为集中、拥有许多鲜明的民族特征有关。不得不承认的是，东南地区的少数民族也是我国民族版图上至关重要的组成部分。无论是过去、现在，还是将来，东南地区的少数民族依然需要引起学界足够的关注。畲族是东南地区具有典型性与代表型的少数民族：一是分布区域最广，前文已提及，不再赘述；二是区域内有全国唯一的畲族自治县，即景宁畲族自治县，也是华东地区唯一的自治县；三是国家领导人高度关注畲族的发展，习近平总书记曾多次到畲乡调研，并作出重要批示。

畲族的起源见仁见智，但主流的学术观点认为畲族最早可以清晰地追溯到汉代的“五溪蛮”，最迟到宋代其族体已经形成。那时畲民的生计方式主要为刀耕火种，“畲”字历史久远，原义即为“火耕”，因此流动迁徙实为常态。到晚清时期，整体性的迁移已经停止，定居、定耕成为主要的生活状态。

20 世纪 50 年代,我国基本采用斯大林的民族标准[1]进行民族识别,1953 年 8 月,中央民族事务委员会派出畲族民族识别调查研究小组,组长为民族学专家施联珠教授,小组在东弄村(浙江省景宁县)、八井村(福建省罗源县)以及山羊隔村(福建省漳平县)持续开展了长达 3 个月的识别调查。基于该调查的成果,即《浙江景宁县东弄村畲民情况调查》和其他相关资料,专家组一致认为,畲族有自己的语言——畲语(话),没有共同地域与共同经济,"但他们始终保持对始祖盘瓠的信仰,这个信仰贯穿祖图、族谱、祖杖、传说、山歌、服饰、习俗、祭祀等方面,在畲族文化中占有重要地位,对于维系民族内部凝聚力和加强民族自我意识起着重要的作用,使畲族能保持自己的文化特点和民族意识"[2]。1956 年 12 月,基于此,畲族被国务院认定为一个单一的少数民族,法定族称为"畲族"。

毋庸置疑,民族发展的本质是实现人的全面发展。研究少数民族的发展,当然不能忽略人的重要性。实际上,民族的发展性在某种程度上来说取决于该民族人民的发展。而随着现代化社会建设的不断推进,女性力量也在持续向世人展示新的生命力和新的可能性,因此,女性的发展之于民族发展的重要性不言而喻。畲族的发展与女性自身的发展紧密相关,而学校教育是推动女性发展的不二法门,这也是本书着重探讨的主旨内容。

中华民族伟大复兴的中国梦,是各民族共同繁荣发展之梦,而要实现各民族和谐发展、共同繁荣与进步,促进和加强各民族的文化教育是关键,教育是这个关键中最为重要的一环。教育是有目的的培养人的社会活动,它通过不特定主体来传递文化知识以培养人,促进个体的个性化和社会化的发展。民族个体的社会化发展使民族发展更加和谐,而民族个体的个性化发展使民族发展焕发出更多的活力。

习近平总书记一直关注畲族的教育及其发展,多次强调教育对畲族地区发展的重要性。习近平总书记在福建、浙江工作期间,分管和联系两省的

---

[1] 斯大林认为,"民族"是具有"共同语言、共同地域、共同经济生活以及共同的民族文化特点上的共同心理素质"四个基本特征的稳定的共同体。

[2] 黄光学、施联朱:《中国民族识别》,民族出版社 1995 年版,第 133 页。

重点畲乡，对畲族的脱贫与发展有专门的论述和思考。针对福建少数民族的新情况、新特点，习近平同志提出，今后民族工作要按照“教育为先，科技为要，经济为重，小康为实，干部为本”的工作思路做到“两手抓”。[1] 1999年，他撰文《一切为了畲族的发展》称，“我和畲族是有缘分的……在闽东，我耳闻目睹了畲族人民的艰苦奋斗和畲族地区的繁荣进步，尤其是畲族人民贯彻执行改革开放方针和党的民族政策，使畲族乡村发生令人振奋的变化。今天，我虽然离开了闽东，但时常还会回忆起畲乡的山山水水，我的心系着畲族人民”。[2]这些讲话精神与论述不仅指引畲族教育的发展方向，也指引畲族研究的未来走向。

现代教育发展的重要标志是促进两性教育公平。在社会变迁中，人们对于社会性别的认知经过不断解构与重构，在不同阶段建构不同的社会文明，而社会文明投射下的教育事业也随之发生变化。女性在社会发展进程中扮演着越来越重要的角色，或者说其重要性越来越为人所重视。研究女性教育，是研究社会文明之于教育的体现，教育之于社会文明的发展，是极为深刻且具有人文情怀的。

与此同时，以畲族女性为切入点研究少数民族的教育，会投射出畲族极具特色的一面。不同于汉族文化，畲族的农耕文化、民俗信仰和家族文化决定了畲族女性具有较高的家族与社会地位，具体体现在：生产劳动中的“半边天”作用；对财产的占有权和支配权；对家庭成员一定的决策权；对重要事务的决定权；在婚姻关系中的主动权等[3]。这与汉族及许多其他民族女性有很大的差异。不同的民族发展历程不同、文化生态不同、社会结构不同。这些不同决定了女性教育的问题也会截然不同。因此，畲族女性教育对畲族生存与发展的作用是值得探讨的学术富矿，在我国提倡男女平等的当下，畲族女性教育对其他少数民族的可持续发展也具有重要参考价值。

---

[1] 黄太勇：《习近平同志在闽期间民族工作的理论与实践》，载《中国民族报》2017年7月14日，第6版。

[2] 习近平：《一切为了畲族的发展——〈畲族社区研究〉序言》，载《福建民族》1999年第2期。

[3] 参见兰俏梅：《畲族妇女的家庭地位》，载福建省炎黄文化研究会编：《畲族文化研究》（下册），民族出版社2003年版。

教育的边界非常宽泛，既包括学校教育，也包括校外教育。从教育实践活动的组织者和实施者角度划分，还可以分为三种形式，即学校教育、社会教育和家庭教育。学校教育在宏观层面上较易掌控，具有一套较为完整的培养体系，以学校为主体有目的地培养学生，但培养成效的制约因素较多，如受教育者的家庭情况，受教育者的自我学习动机与能力、社会环境、教育制度。本书以畲族女性学校教育为切入点，分析畲族女性学校教育的历史、现状与存在困难，畲族女性学校教育问题的制约因素，畲族女性学校教育的改进措施及建议，畲族女性学校教育的经验总结等问题。从畲族女性教育来看女性教育之于整体教育事业的重要性，之于少数民族发展的重要性。

第二节　文 献 回 顾

由于少数民族在长期历史发展中受到各种因素的影响，受教育的问题一直以来得到学界的关注。许多学者都从自己的学科视角出发，探讨了与少数民族教育相关的民族文化、教育等内容，综合这些研究成果对进一步的探讨有启发意义。

一、少数民族教育

教育作为文化传承与发展的载体，在民族文化的传承和发扬过程中发挥了非常关键的作用。而少数民族教育研究的不断发展不仅有利于我国各个少数民族在新时代发展创造新的经济文化，而且也能有效地维持和巩固我国多民族社会的和谐与稳定。迄今为止，少数民族教育领域的研究已完成它的孕育阶段和独立阶段，目前正处于进一步完善阶段。在这一阶段，不同学科领域的研究者们从不同的角度、不同的方面对少数民族教育开展了多方面的研究。

（一）国内人类学对教育问题的研究

我国人类学界关注教育问题始于改革开放之后，大体分为两个时期。

第一个阶段是摸索期(1978—1999年)。该时期主要是介绍国外人类学界对教育问题研究的新概念、理论框架和研究成果。这一时期本土化研究十分缺乏,更谈不上“理论突破”。我国台湾地区学者詹栋梁于1986年发表《教育人类学》,是最早的介绍教育人类学相关知识的图书。后来内地学者也纷纷开始对教育人类学学科知识进行评述与介绍。该时期的研究有两大特征:一是用人类学学科理论和研究方法,探讨与分析教育问题,主要代表人物有庄孔韶、冯增俊等。庄孔韶所著的《教育人类学》一书梳理总结了人类学的历程与教育,教育人类学的学术位置、理论构架、研究园地与课题、研究方法与两重观察等。[1] 而冯俊增的《教育人类学》在借鉴国外研究成果与结合我国教育实际方面做了积极而有益的尝试,在创建中国教育人类学学科体系、推进教育学专业发展、促进高校教材建设等方面产生了重要影响。[2] 这个时期既是海外理论本土化时期,也是国内学者在海外理论基础上,结合本国具体情况关注我国教育实际经验研究的时期。二是运用人类学方法与理论,研究文化与教育关系,探寻教育机会均等问题,主要代表人物有哈经雄、滕星、苏德、郑金洲、刁培萼等。哈经雄针对民族地区教育均衡发展以及如何培养更多的少数民族高素质人才等问题提出了相关研究论述;[3]滕星则从少数民族教育政策等方面切入开展相关研究;[4]苏德在人类学视域下研究关于少数民族文化教育课程的建构问题;[5]郑金洲以民族教育的功能为切入点对少数民族教育进行深入研究;[6]刁培萼在其主编的《教育文化学》一书中谈到教育文化应走向世界化和民族化。[7]

第二个阶段是兴盛期(2000年至今)。该时期学者们运用人类学研究方法围绕学术前沿开展研究。有两大主要内容:一是围绕源自海外的“多元文化整合教育理论与应用”进行,其内涵是“一个多民族国家的教育,在担负

[1] 参见庄孔韶:《教育人类学》,黑龙江教育出版社1989年版。
[2] 参见冯增俊:《教育人类学》,江苏教育出版社2001年版。
[3] 哈经雄:《民族地区教育均衡发展问题》,载《西北师大学报(社会科学版)》2005年第6期。
[4] 参见滕星:《书斋与田野:滕星教育人类学访谈录》(第3辑),民族出版社2010年版。
[5] 参见苏德:《全球化与本土化:多元文化教育研究》,中央民族大学出版社2013年版。
[6] 参见郑金洲:《文化学》,人民教育出版社2000年版。
[7] 参见刁培萼:《教育文化学》,江苏教育出版社1992年版。

人类共同文化传递的同时,不仅要担负传递本国主体民族优秀传统文化的功能,同时也要担负起传递本国少数民族优秀传统文化的功能"[1]。这方面较为优秀的论著有吴永忠的《略论民族教育本土化与多元文化教育》[2]、马文静的《多元文化整合教育与民族文化传承及发展》[3]与滕星的《"多元文化整合教育"与基础教育课程改革》[4]等。二是基础理论研究,这一领域显示出国内学者在关注异文化的同时,也探索海外理论本土化适应及其指导实践作用。代表性著述有滕星与杨红的《西方低学业成就归因理论的本土化阐释——山区拉祜族教育人类学田野工作》[5]、周智生的《多元文化资源整合与区域文化旅游创新发展——以云南丽江为例》[6],等等。近年来,人类学在研究教育问题时,逐步出现一些新视角及新的研究方法、研究技术与研究手段。代表作有林丁颖与陈金亮的《艺术审美中的高校思想政治教育——基于马克思审美人类学视角》[7]、段丽梅与戴国斌的《学校武术的传承异化与教育人类学反思》[8]等。

这一时期国内学者意识到了教育人类学的重要性,但是仍以介绍国外的研究动态为主,将新概念、新理论引入国内大众的视野,也引发了国内学者的学术热情,成为新的学术增长点。这也体现在国内少数民族学校教育研究方面。

---

〔1〕 冯增俊:《教育人类学未来发展展望》,载《华南师范大学学报(社会科学版)》2006 年第 3 期。

〔2〕 吴永忠:《略论民族教育本土化与多元文化教育》,载《民族教育研究》2003 年第 4 期。

〔3〕 马文静:《多元文化整合教育与民族文化传承及发展》,载《民族教育研究》2011 年第 4 期。

〔4〕 滕星:《"多元文化整合教育"与基础教育课程改革》,载《中国教育学刊》2010 年第 1 期。

〔5〕 滕星、杨红:《西方低学业成就归因理论的本土化阐释——山区拉祜族教育人类学田野工作》,载《广西民族学院学报(哲学社会科学版)》2004 年第 3 期。

〔6〕 周智生:《多元文化资源整合与区域文化旅游创新发展——以云南丽江为例》,载《资源开发与市场》2007 年第 1 期。

〔7〕 林丁颖、陈金亮:《艺术审美中的高校思想政治教育——基于马克思审美人类学视角》,载《广西科技师范学院学报》2019 年第 4 期。

〔8〕 段丽梅、戴国斌:《学校武术的传承异化与教育人类学反思》,载《北京体育大学学报》2018 年第 10 期。

(二)国内少数民族学校教育研究

目前,国内少数民族教育相关研究进入快速发展的时期,研究主要集中在两个方面。一是相关丛书的编撰出版,其中包括国家民委主编的“民族问题五种丛书”,中央民族大学编写组主编的“中国少数民族知识丛书”,滕星主编的“教育人类学研究丛书”,张诗亚主编的“西南民族文化与教育研究丛书”,万明钢与王鉴主编的“多元文化与西北民族教育研究丛书”,包铭新主编的《中国北方古代少数民族服饰研究》[1],丹珠昂奔主编的“走近中国少数民族丛书”,张忠发主编的“福建省少数民族古籍丛书”以及李金林与洪宗国主编的“中国少数民族医药资源发掘与研究丛书”等。内容涉及人类学探讨教育问题的理论,民族志书写,少数民族双语教育,少数民族医药等方面,特别是有很多中国本土理论和经验研究属于开创性研究,成为后人参考与赶超的对象。

二是对少数民族地区教育沿革及其具体教育问题的研究。较有代表性的有夏仕武的著作[2],全面介绍了各个教育阶段的中国少数民族教育发展状况及教育形式;中国教育史研究会组织各领域专家学者,对中国少数民族教育的起源、发展和嬗变进行了梳理和分析之后所纂修的《中国少数民族教育史》[3];罗春频对多元文化背景下的云南少数民族教育进行的研究和分析[4];孟小军对西南民族地区基础教育类型的研究[5];王嘉毅与吕国光对西北少数民族地区基础教育发展现状了分析和研究,并对现存问题提出对策[6];李定仁对西北民族地区校本课程进行的开发和研究[7];张学强对中

[1] 包铭新:《中国北方古代少数民族服饰研究》,东华大学出版社2013年版。
[2] 夏仕武:《中国少数民族教育》,王国振等译,五洲传播出版社2007年版。
[3] 韩达:《中国少数民族教育史》,云南教育出版社1998年版。
[4] 罗春频:《多元文化与云南少数民族教育》,云南民族出版社2008年版。
[5] 孟小军:《断裂与链接——西南民族地区基础教育类型研究》,广西师范大学出版社2007年版。
[6] 王嘉毅、吕国光:《西北少数民族地区基础教育发展现状与对策研究》,民族出版社2006年版。
[7] 李定仁:《对西北民族地区校本课程开发研究》,民族出版社2006年版。

国少数民族教育与美国多元文化教育进行的比较研究[1]等。另外,巴战龙对裕固族乡村教育进行了深入研究,出版了多篇研究论文[2],其中《学校教育・地方知识・现代性——一项家乡人类学研究》在现代性框架下探讨百年学校教育与地方知识之间的关系,指出“我们的现代性”须以“文化自觉”为前提,走“乡民自主”的社区发展模式[3]。

(三)国内少数民族女性学校教育

随着人们的社会观念不断解放,人们对女性的认识也发生很大的改变,女性的社会地位随之不断改善与提高。男女平等不再只是法律上的一纸空文,不再是人们茶余饭后的随口表达,而是已经形成了一种社会观念并深入人心。在新时代背景下,在民族地区谋求新的进步和发展过程中,少数民族女性扮演的角色、发挥的作用也越来越为人所关注。在民族地区女性教育发展背景下,如何合理配置有限的教育资源,最大限度地满足民族个体和谐发展的需求、满足民族地区社会发展的需要,实现民族地区现代女性教育的良好发展,是现在亟须面对和解决的问题。目前,已有很多学者对此做出了卓有成效的贡献。

国内关于少数民族女性学校教育主要分为两类:第一类是对少数民族女性一般教育问题的研究。滕星主编的《多元文化社会的女童教育——中国少数民族女童教育导论》[4]指出,要从根本上解决中国少数民族女童发

---

[1] 张学强:《对中国少数民族教育与美国多元文化教育比较研究》,民族出版社 2011 年版。

[2] 参见巴战龙:《试论裕固族教育研究的学科基础——基于教育人类学的视角》,载《湖南师范大学教育科学学报》2013 年第 5 期;巴战龙:《学校教育与地方知识关系探究——基于一项裕固族乡村社区民族志研究》,载《当代教育与文化》2012 年第 4 期;巴战龙:《“本土教育”:教育人类学研究主题的拓展——评〈村落中的本土教育〉》,载《湖南师范大学教育科学学报》2011 年第 6 期;巴战龙:《近五年裕固族教育研究进展述评——以期刊报纸文献为例》,载《当代教育与文化》2009 年第 5 期;巴战龙:《简论 21 世纪裕固族教育的文化使命》,载《民族教育研究》2008 年第 6 期。

[3] 参见巴战龙:《学校教育・地方知识・现代性——一项家乡人类学研究》,民族出版社 2010 年版。

[4] 参见滕星:《多元文化社会的女童教育——中国少数民族女童教育导论》,民族出版社 2009 版。

展及其教育问题，需要调动社会各方面的积极性，尤其是教育体系主体之一的教师。第二类是对特定地区少数民族女性教育的专题研究，分析其存在的问题，提出相应的对策。徐霞研究新疆少数民族女性教育，阐发了教育改革女性命运的主题[1]；弋玉清[2]、杨国才[3]、闫沙庆[4]、吴何女[5]等人分别研究青海、云南、黑龙江与贵州少数民族妇女教育现状及对策思考，认为必须加大对少数民族地区女性教育的投入、保障少数民族女性教育权、解放少数民族地区的思想，真正促进少数民族女性教育的发展。近年来，该方面的研究更加深化与拓展。如甘肃省教科所原所长张铁道领衔的跨省区课题组，通过问卷调查，对中国西部包括甘肃省、云南省、贵州省、青海省、宁夏回族自治区、新疆维吾尔自治区等地少数民族女童的教育质量和效益进行了研究。他们指出，经费严重紧缺是导致少数民族女童教育质量和效益较低的客观原因，而当前我国所提供的课程及其实施体系不能有效地适应当地的实际需求则是更主要的原因[6]。杨志玲与盛美真提出建立少数民族女性教育评价指标体系的构想[7]；李长安与龙远蔚基于2011年广西调查数据，实证分析我国民族地区的教育公平问题，尤其是少数民族女性的教育问题[8]。审视这些研究成果，虽然重在实地调查和量化研究，但却缺乏将质性研究与量化研究深入结合的力作，而这恰好是人类学研究教育问题和教育现象今后发展的可能趋势。

---

〔1〕 参见徐霞：《新疆少数民族女性教育研究》，新疆大学出版社1999年版。
〔2〕 弋玉清：《青海少数民族妇女教育现状及对策思考》，载《青海民族学院学报》1998年第3期。
〔3〕 杨国才：《云南少数民族女性的教育和发展》，载《云南师范大学学报》1999年第6期。
〔4〕 闫沙庆：《实现跨越式发展　必须优先发展教育事业——关于黑龙江省少数民族教育情况的思考与对策》，载《黑龙江民族丛刊》2003年第5期。
〔5〕 吴何女、常进锋、陆卫群：《贵州省少数民族女性教育的现状及对策研究》，载《学理论》2013年第18期。
〔6〕 张铁道：《中国西部少数民族女童教育质量与效益研究》，甘肃文化出版社2003年版。
〔7〕 杨志玲、盛美真：《建立少数民族女性教育评价指标体系的构想》，载《思想战线》2006年第3期。
〔8〕 李长安、龙远蔚：《民族地区教育公平问题研究——基于2011年广西调查数据的实证分析》，载《民族研究》2013年第5期。

二、畲族教育

少数民族的文化教育问题,一直是党和国家极其关心的问题。它关系一个民族的发达与否,关系到我国现代化建设的整体发展水平。党的十八大以来,民族教育事业得到党和国家的更多的关注和重视。2015 年《国务院关于加快发展民族教育的决定》印发,这是新时代对民族教育事业发展的全面部署。中央政府对民族教育的投入明显增加,尤其是中央财政转移支付和重大教育项目的实施继续支持民族地区,民族教育发展迅速,民族地区教育总体发展水平和主要指标质量明显提升。学者们就特定时期、特定地区的畲族学校教育展开了论述,取得了较丰硕的成绩,主要包括畲族教育研究概况与畲族女性学校教育研究两方面。

(一)畲族教育研究概况

畲族教育研究概况主要包括畲族教育历史脉络的阶段划分,讨论如何提高畲族教育与体育教育等。

一是畲族教育史研究。就畲族教育而言,涉及较多的是谢重光的《畲族与客家福佬关系史略》一书[1],论及南宋时期封建政权为对付畲民起义,作为善后工作的一部分,在郴州畲民聚居区设立了县学。明中叶王阳明镇压了赣闽粤边区的畲民大起义后,在畲区设立多所县学和社学,着意加强对畲民的教化。该书还把清初蓝鼎元家族重视文化教育,培养出众多优秀子弟的例子作为个案,阐述了畲族教育在一定条件下可以取得卓著成绩的观点。郭少榕将闽东畲族教育的发展历程分为 1949 年之前、中华人民共和国成立初期、1966—1982 年、1983 年以后四个历史时间段进行了梳理[2]。而在《闽东畲族教育的现实与超越》[3]中,郭少榕认为,为了加快畲族教育的发展,我们需要增加对教育的投资,并用法律手段加强对教育经费投入和使用

---

[1] 谢重光:《畲族与客家福佬关系史》,福建人民出版社 2002 年版。
[2] 郭少榕:《闽东畲族教育历史发展述略》,载《中外教育》1997 年第 1 期。
[3] 郭少榕:《闽东畲族教育的现实与超越》,载《教育评论》1997 年第 1 期。

的监督和控制。鉴于财政资源和教育投资的缺乏，畲族的教育发展需求无法被很快满足，我们必须推动发展校园经济以弥补学校资金的不足，改良民族教育内部环境。鉴于畲族基础教育效益的低效性，加上教育质量亟待提高的现状，我们对于学校的评价标准必须立即做出改变，淡化进而转变传统的升学教育观，推动素质教育发展。而考虑到闽东畲族地区由于自然和历史的原因所造成的工业不发达、农业科技含量不高、需要科技提升农业和工业竞争力的现状，郭少榕认为，对策是大力发展适应的民族职业教育，适应该地区的经济发展对于人才的需要；鉴于长期存在的落后的妇女教育问题，应在其所在地区注意促进和保障女童入学权益，下大力气扫除妇女文盲。雷宝燕在文章中将泉州畲族教育的发展概括为几个阶段：中华人民共和国成立前的落后阶段、中华人民共和国成立后的起步阶段、改革开放后的发展阶段、2000 年以后的快速发展阶段，并分别阐述了这几个阶段的畲族教育情况〔1〕。谭莹菲以福建省宁德市金涵畲族乡为例，在社会变革的背景下分析畲族幼儿教育〔2〕。论文研讨了福建宁德金涵畲族乡儿童学前教育的发展情况，划分为 20 世纪 70 年代之前以及 20 世纪 70 年代至 80 年代中期之间，还有 20 世纪 80 年代中期以后三个研究阶段。基于区域经济、文化、人口流动迁徙和当地学前教育机构发展等相关因素在这三个阶段的变化以及以上因素对金涵乡畲族学前教育影响的比较分析，从而探讨发展少数民族学前教育的相关建议，如建立多层次结构完善的幼教机构，对于各层次幼儿教育机构进行分层管理和分层分类评价等。在文中，谭莹菲还提出了设立民族家庭式托幼机构的建议，认为在幼儿养育过程如果结合家庭的民族文化背景，是将民族文化元素融入教育环境和内容的一种有益尝试。

二是为提高畲族教育献计献策。黄新宪考察了清代和民国时期畲族教育的变迁情况，认为局部的畲族社区的变迁却与总体社会的进步变迁存在

〔1〕 雷宝燕：《泉州畲族教育发展研究》，载《湖北民族学院学报（哲学社会科学版）》2011 年第 2 期。

〔2〕 谭莹菲：《社会变迁背景下的畲族幼儿教育——以福建省宁德市金涵畲族乡为例》，广西师范大学 2008 年硕士学位论文。

明显的差距,畲族教育的落后是一个非常重要的原因[1]。在另一篇文章中,黄新宪阐述了畲族教育与畲族社区变迁的历史关系,从社会学和文化学的角度指出:为了使畲族社区在向现代形态的转换中,不以本民族特性的丧失为代价,应当进一步改革畲族教育,充分发挥其在社会变迁中的作用[2]。蓝希瑜与杜慧认为,自《新民乡约》颁布以来,赣南畲族广受教化,文化教育逐渐汉化。民国时期,畲族教育已出现了赶超当地汉族之势。然而,20 世纪末,畲族教育发展却突现颓变,日益边缘化,他们从畲族分布地理、族性意识和资教体系以及族群精英等方面原因进行了较全面分析。[3] 蓝希瑜、蓝方铭与王金菊在《赣南畲族教育颓变及其对策分析》一文中指出:应从发扬民族传统,构建新型资教体系、重塑学习"榜样",改善教育环境、加强民族研究,开创特色之路、促进族群交融,实现双向共赢等四个方面来实现赣南畲族教育发展的和谐局面[4]。况扬与陈明辉在对江西省 6 个畲乡进行调查的基础上,分析现代教育技术在江西省畲族乡基础教育的薄弱环节作用,他们提出经过政府对当地基础教育的支持以及经济的发展,当地基础教育有了一定的改善,但依然存在基础差、发展慢、资源少等问题,提出进一步加强畲族乡基础教育发展的策略和建议,即积极关心留守学生的教育、加大对中小学硬件设施的投入、引入增强现实技术等新兴现代教育技术手段、改革现行的教育管理体制、结合民族地区实际情况推进新课改的实施等[5]。

三是畲族特色民族体育项目的相关研究。吴亚婷聚焦福建畲族聚集地区民族中学畲族民间体育校本课程开发,从认知、知识、能力与实践效果等四个方面的现状进行了个案调查与问卷调查。经过数据处理,对此现状作出了综合分析,指出当前存在的主要问题有:体育教师对畲族民间体育校本

---

[1] 黄新宪:《清代和民国时期畲族教育变迁史略》,载《教育评论》1998 年第 3 期。

[2] 黄新宪:《建国以来畲族教育与畲族社区的变迁》,载《江西教育科研》1998 年第 5 期。

[3] 蓝希瑜、杜慧:《赣南畲族传统教育颓变的原因分析》,载《赣南师范学院学报》2006 年第 4 期。

[4] 蓝希瑜、蓝方铭、王金菊:《赣南畲族教育颓变及其对策分析》,载《韶关学院学报(社会科学版)》2006 年第 5 期。

[5] 况扬、陈明辉:《现代教育技术在江西省畲族乡基础教育的薄弱环节作用研究——基于对江西省六个畲族乡的调查》,载《贵州民族研究》2018 年第 3 期。

课程的开发意识不强、体育课程资源利用率不高、学校畲族民间体育项目开发单一、学校体育教师课程领导能力和教师课程开发能力不足、校本课程的评价体系不够完善、畲族民间体育校本课程没有形成文化等。基于此,他们相应地提出了以下建议:增强课程开发和课程资源利用的意识、创新畲族民间体育校本课程开发内容、加强学校体育教师校本课程开发能力、优化畲族民间体育校本课程评价体系、形成畲族民间体育校本课程特色文化等〔1〕。

此外,也有不少学术论文探讨畲族教育其他方面的问题。在《建国以来畲族教育与畲族社区的变迁》里,黄新宪深入剖析畲族教育对于社区变迁的影响〔2〕。在《闽东少数民族教育的地域特色》一文中,在调研基础上,围绕闽东畲族教育,颜禾总结出民族性、倾斜性、集中性、自助性、实用性这五个突出的地域特色〔3〕。在《闽东畲族教育的现实与超越》一文中,对于如何根本改变闽东教育和经济落后局面,郭少榕建议有必要缩小当地汉族与畲族间的经济和文化差异,推动所有民族实现真正意义上的平等,并给出了具体建议〔4〕。在《清代和民国时期畲族教育变迁史略》一文中,以文献资料梳理的方法,黄新宪集中展现了清代和民国畲族教育发展脉络〔5〕。在智力发育问题上,采用随机抽样方法,基于对福安市畲族中小学生的学习成绩的调查,陈雪凌与徐铭研究了畲族中小学生智力发展状况〔6〕。在生理和体质健康方面,以景宁县畲族为样本,刘希标与胡思丁进行了畲族与汉族中小学生生长发育状况的对比与分析〔7〕。刘希标和胡思丁还有《景宁自治县畲族中小学生体格发展状况评价》一文,主要是针对影响畲族中小学生体格发展

---

〔1〕 吴亚婷:《福建省民族中学畲族民间体育校本课程开发研究》,集美大学2020年硕士学位论文。

〔2〕 黄新宪:《建国以来畲族教育与畲族社区的变迁》,载《江西教育科研》1998年第5期。

〔3〕 颜禾:《闽东少数民族教育的地域特色》,载《教育评论》1996年第4期。

〔4〕 郭少榕:《闽东畲族教育的现实与超越》,载《教育评论》1997年第1期。

〔5〕 黄新宪:《清代和民国时期畲族教育变迁史略》,载《教育评论》1998年第3期。

〔6〕 陈雪凌、徐铭:《福安市畲族中小学生智力调查(附210名检测分析)》,载《福建医药杂志》2000年第1期。

〔7〕 刘希标、胡思丁:《景宁县畲族与汉族中小学生常见病患病现状比较》,载《中国学校卫生》2005年第26期。

状况的因素开展分析[1]。在《畲族教育的回顾与展望》中,对于我国畲族教育大体发展概况,冯云进行了简要总结[2],但缺乏进一步的细致深入分析。在《构建畲乡特色的民族教育体系》里,以福建上杭庐丰畲族乡畲族教育发展现状为代表,对于如何打造具有畲族特色的民族教育体系,傅福权作了有针对性的分析[3]。在《畲族文化:民族中学语文课的课程资源》[4]一文中,刘建闽主张,由于在地理位置上,顺昌民族中学与“畲”文化起源地密切联通,相对于其他地域,学生对于畲族文化的接受度较高,故而,对于顺昌民族中学而言,畲族文化不啻为该校落实《语文课程标准》的一个较好的切口。在《为了民族教育的和谐发展》一文中,蓝存安围绕构建和谐发展的民族教育开展分析,分别论述了其关键是全面实施素质教育、基本保证是正确处理教育教学关系、发展民族团结,以及弘扬民族文化精神是构建和发展和谐的民族教育的重要内容[5]等方面。

上述著述的一些真知灼见现已成为大家的共识,有些计策在教学实践中被采用,发挥良好的作用。当然,也有一些建议并不合适,但也为政策改进提供了参考。

(二)畲族女性学校教育

关于畲族女性学校教育研究,目前仅见王星虎的《少数民族女性教育与文化传承——以贵州六堡畲族女子小学为例》[6],该文分析了六堡畲族女子小学在女子单性教育、民族民间文化教育、双语教学等探索中的成效与困境,认为科学的教育理念和教育方式、良好的教育资源和长效机制是民族地

---

[1] 刘希标、胡思丁:《景宁自治县畲族中小学生体格发育状况评价》,载《中国学校卫生》2005年第6期。

[2] 冯云:《畲族教育的回顾和展望》,载福建省炎黄文化研究会编:《畲族文化研究》(下册),民族出版社2003年版。

[3] 傅福权:《构建畲乡特色的民族教育体系》,载《福建民族》2004年第6期。

[4] 刘建闽:《畲族文化:民族中学语文课的课程资源》,载《福建民族》2004年第4期。

[5] 蓝存安:《为了民族教育的和谐发展》,载《福建民族》2007年第3期。

[6] 王星虎:《少数民族女性教育与文化传承——以贵州六堡畲族女子小学为例》,载《现代教育科学》2014年第8期。

区和性别教育面临的重要课题。

一些著述和文章对畲族女性教育也有所涉及。在这方面值得关注的首先有两篇硕士学位论文,均针对畲族中小学生心理健康状况开展了深入分析研究,一篇是《畲族中小学生心理健康状况的调查研究》,来自福建师范大学钱锦彬;另一篇是《畲族家庭环境状况及其对中学生心理健康的影响》,作者白丽英。前一篇着重于整体研究,后一篇则侧重于家庭环境视角,认为对于畲族中学生心理影响最大的家庭基本因素是畲族家庭的经济状况。在《社会变迁背景下的农村畲族教育——以福州北部沧村为例》这篇论文里,兰建华探讨如何让畲族学校教育更好地融入沧村社会,通过分析畲族学校教育发展变迁及面临的一系列现实问题,作者的基本观点是,教育既是社会变迁的结果,更是参与社会变迁互动的路径,多元文化整合教育理念塑造对于推动畲族学校教育更好参与社会发展进步至关重要〔1〕。在《广东惠州嶂背畲族村教育现状调查与发展研究》一文中,林旭锐从广东当地畲族学校教育现状入手,探讨畲族教育与畲族传统文化之间的内在关联,并对推动畲族教育发展提出了自身的思考和建议〔2〕。此外,《建国以来畲族教育与畲族社区的变迁》〔3〕、《近代福建教育历史发展述略》〔4〕和《清代和民国时期畲族教育变迁史略》〔5〕等著作,都就特定时期特定地区的畲族学校教育分别展开了集中论述。

综上所述,国内人类学在研究教育问题方面紧跟国际学术前沿的同时,也在进行自我摸索,并开疆拓土。扎实的研究成果是学科发展的基石,就我国少数民族女性学校教育而言,成果并不多见,且偏重中西部地区,因而加强东南地区少数民族女性学校教育的研究成为必然。因此,畲族作为东南地区具有代表性的少数民族,其女性文化与女性学校教育具有相当的代表

---

〔1〕 兰建华:《社会变迁背景下的农村畲族教育》,中央民族大学2011年硕士学位论文。

〔2〕 林旭锐:《广东惠州嶂背畲族村教育现状调查与发展研究》,广东技术师范学院2014年硕士学位论文。

〔3〕 黄新宪:《建国以来畲族教育与畲族社区的变迁》,载《江西教育科研》1998年第5期。

〔4〕 郭少榕:《近代福建教育发展历程探略》,载《纪念〈教育史研究〉创刊二十周年论文集——中国地方教育史研究(含民族教育等)》第14辑。

〔5〕 黄新宪:《清代和民国时期畲族教育变迁史略》,载《教育评论》1998年第3期。

性和一定的特殊性,对畲族女性学校教育的研究将推进对其他少数民族教育,特别是女性教育问题的研究。

(三)国外研究动态

国外关于少数民族妇女教育的研究成果有很多,主要进行的是实证研究,概括起来有以下几个方面:

一是发现少数民族妇女普遍受教育程度较低,这种问题在经济不发达国家和地区更为突出。例如,潘达(Panda)2011 年通过对孟加拉国、印度和巴基斯坦等国少数民族妇女进行调查后发现,虽然这些国家少数民族妇女只占人口少数,但她们受教育程度低问题却特别突出。[1] 高尔(Gore)和卡尔森(Carlson)2010 年对土耳其库尔德妇女的研究也印证了此观点,如文章通过比较日常使用库尔德语及土耳其语的妇女结婚情况等,指出受教育程度较低的、日常讲库尔德语的妇女比日常讲土耳其语的妇女结婚早,但是受教育程度较高的、日常使用库尔德语的妇女则比使用其他语言的妇女结婚较晚,即受教育水平对妇女的婚姻情况影响较大。[2] 有学者的 2018 年的研究通过观察西色雷斯(Western Thrace)穆斯林少数妇女的教育背景、经历和能力,发现她们容易受父权社会性别规范的影响,特别是那些认为女性无须受教育的刻板印象的影响。[3] 二是少数民族妇女受教育是否具有启蒙功能。例如,Abu – Rabia – Queder 2008 年的研究通过在以色列对接受过高等教育的贝多因和德鲁兹妇女进行考察,认为她们受过高等教育后回到家乡,对于原生文化认同产生了变化,其中包括性别认同。[4] 三是教育对少数民

〔1〕 B. K. Panda, Education of Girls among Ethnic Tribal Groups in South Asia, Indian Anthropologist, 2011, 41(2): 15 – 32.

〔2〕 DeAnnaL, Gore & Elwood Carlson. Ethnicity, Education, and the Nonproportional Hazard of First Marriage in Turkey, Population Studies, 2010, 64(2): 179 – 191.

〔3〕 Panitsides, Eugenia & Kiouka, Eirini Andromachi. Muslim Minority Women in Western Thrace: Any Room for Transformative Learning, Education & Training, 2018, 60(6): 596 – 607.

〔4〕 Sarab Abu – Rabia – Queder & Naomi Weiner – Levy, Identity and Gender in Cultural Transitions: Returning Home from Higher Education as "Internal Immigration" among Bedouin and Druze Women in Israel, Social Identities, 2008, 14(6): 665 – 682.

族妇女婚姻和家庭生活的影响。例如,奈吉(Naji)2012 年的研究发现,摩洛哥某南部城市当地的柏柏尔(Berber)妇女认为接受地毯纺织的专业知识教育比初级学校教育更重要,因为纺织专业教育能够帮助她们提高生活水平和顺利结婚成家。[1] 克雷格尔(Kreager)、费尔森(Felson)等人[2]研究也发现,受教育程度高的少数民族妇女更不易遭遇家暴,而且婚姻更加稳定。四是政治因素会影响少数民族女性的受教育情况。例如,有学者发现,在以色列人与阿拉伯人隔离的学校中,身处传统文化的穆斯林妇女往往能够接受比较高的教育,这与她们争取家庭男性成员支持她们接受教育来改善家庭环境有关。此外,民族文化往往也会对少数民族女性受教育问题产生影响。里德(Read)和奥司林(Oselin)研究发现,美国阿拉伯裔家庭支持家中女孩接受正式教育。但不同的是,在阿拉伯文化中,父权主义氛围较为浓厚,男性家长支持家中女孩受教育是为了让教育成果成为一种家庭资源,如确保孩子的社会适应能力,家庭的稳固性,以及根本上保持并延续孩子的种族和宗教认同,而不是用于经济水平的提高。因此,美国受教育程度高的阿拉伯裔女性就业率往往非常低。五是与少数民族女性教育相关的问题及其解决办法。巴特曼(Cynthia C. Bartman)[3]指出,近几年美籍非裔女性受高等教育的比例有所提高,但是在所有少数族裔群体中,美籍非裔女性却还是受高等教育水平最低的。这一现状产生的原因主要是美籍非裔女性的多元边缘化身份认同,人数的缺乏,性别的鸿沟以及高校黑人工作人员不足等。作者接着对这些问题提出解决建议,即设立黑人联谊会,配备黑人导师,建立情景咨询等。

由此可见,国外该方面研究侧重婚姻与家庭、教育与事业、政治与文化等,本书可以借鉴与参考这些学术成果。

---

[1] Myriem Naji, Learningto Weave the Threads of Honor: Understandingthe Valueof Female Schoolingin Southern Morocco, Anthropology & Education Quarterly, 2012: 372 – 384.

[2] Derek A. Kreager Richard B. Felson Cody Warner, Marin R. Wenger. Women's Education, Marital Violence, and Divorce: A Social Exchange Perspective, Journal of Marriage and Family, 2013, 75(3): 565 – 581.

[3] Cynthia C. Bartman, African American Women in Higher Education: Issues and Support Strategies, College Student Affairs Leadership Fall, 2015, 2(2).

第三节　研究方法

为了更好地对畲族女性教育的相关问题进行探索分析，本书的总思路是“提出问题—分析问题—解决问题”，如图 1 所示：

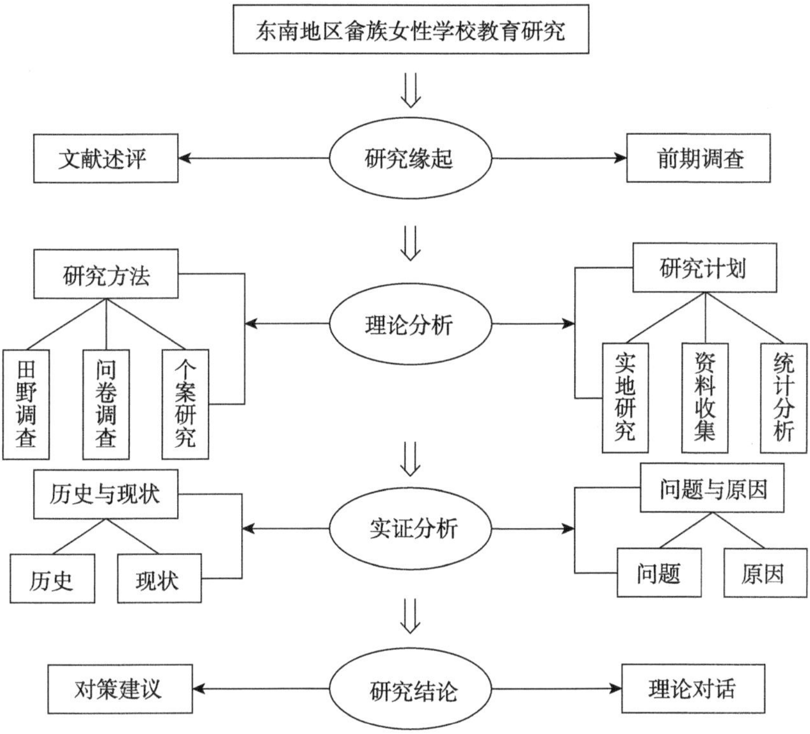

图 1　本书研究的总思路

女性的教育问题是长期且深远的社会问题，畲族女性教育问题亦是如此，对其研究需要结合目前现实教育情况进行理论上的拓展延伸。因此本书主要运用人类学的视野、理论与方法，在借鉴国内外相关研究文献的基础上，结合实地调查进行分析总结。

用人类学的视角和方法研究教育问题始于 19 世纪的乌申斯基，并由休伊特最先付诸实践,他在20世纪初的研究成果被视为这个领域的开山之作。此后,在全世界渐次普及,并广泛应用于描述和解释教育现象,探讨教育与人、教育与社会文化、社会文化与人之间的相互影响和作用。本书也将用人类学的理论、视角和方法去分析畲族女性学校教育的历史、现状与存在的困难;畲族女性学校教育问题的制约因素;畲族女性学校教育的改进措施及建议;畲族女性学校教育的经验总结等问题。讨论畲族女性学校教育对畲族生存与发展的重要作用,探索我国东南地区少数民族现代化的可持续发展道路。

本书议论的两部分主要是畲族和畲族的女性教育。本书课题组通过文献资料和前期调查,了解并研究畲族形成发展的过程,归纳总结畲族发展的历史规律及其民族特质,展望畲族未来的发展轨迹。其中,尤其注意史料中畲族女性形象的建构,在畲族形成的大环境下对畲族女性形象特质进行整理。在对畲族的整个社会生态进行一定把握的情况下,重点研究畲族女性的学校教育问题。通过田野调查、问卷调查、个案研究进行理论和实证两个层面的分析,分析畲族女性学校教育的历史、现状和存在的问题。

就方法而论,本书是以人类学的田野调查作为基本方法,通过多点田野观察,运用比较的视野,做到历时与共时、主位与客位、宏观与微观、定性与定量、参与观察与深度访谈的有效结合。问卷调查法是采用抽样的方法在东南地区的民族院校按一定比例选取若干所小学、初中、高中/中师、大学,再按配额在每一年级均抽取畲族与其他民族学生进行问卷调查,获取畲族女性学校教育方面的基础资料。本次的调查主要以广东东源县漳溪畲族乡上蓝畲族小学、惠州市博罗县嶂背畲族小学、福建福安市民族中学、福安市民族职业中学、霞浦县民族小学、浙江景宁畲族自治县红星小学、景宁畲族自治县高级中学、景宁畲族自治县职业高中、遂昌县三仁畲族乡中心小学、龙泉市竹垟畲族乡中心小学以及丽水学院为调查对象。采取个案分析法,通过典型案例,分析目前畲族女性学校教育存在的困难、造成畲族女性学校教育问题的各层面的制约因素、畲族女性学校教育急需改进的方面等。最后，归纳总结当前畲族女性学校教育的经验，以及其对民族发展的影响，并从理论层面和实践层面给出相应的补充和建议。

第四节 书稿结构

不同的文化生态会孕育出不同的民族个体及群体，所以本书开篇着重研究畲族的文化沿革及嬗变，在这一部分中，着重从研究畲族的文化生态系统出发，结合历史资料和现今留存下来的畲族风俗习惯，研究畲族民族的形成，尤其关注民族形成过程中文化生态的建构，尤其是女性崇拜，其是畲族文化发展中非常重要的一环。畲族女性在这样的文化生态下，其发展轨迹相较于其他少数民族女性有较大的差异。这一差异性值得我们去探讨研究。

另外，关于畲族女性学校教育，本书主要分为五部分来研究和探讨。

第一部分是畲族女性学校教育的历史和形成。从清末民初至 21 世纪，在原生文化系统和外来汉文化不断融合的过程中，女性学校教育是如何发展的。聚焦教育场所的扩张、教育辐射面的扩大、教学观念的改变、教育内容的变动以及其他在教育发展中的进步或出现的新问题。

第二部分是畲族女性学校教育发展层次。畲族女性教育发展层次，既包括横向教育层次，也包括纵向教育层次。对于畲族女性的学校教育，我们不仅要聚焦各阶段的教育普及情况，也要聚焦各类型教育的接受情况。多层次、深入地去看待女性学校教育，更多地从人的发展出发。这部分的主要内容是关于畲族女性学校教育的义务教育普及情况、高等教育情况以及职业教育情况的分析。初等教育的普及情况，反映的是一个民族对于教育初始的态度，其背后所反映的问题也是最亟待解决的、扎根于民族群众之间的基础性问题。而高等教育和职业教育的情况，更多反映的是民族可持续发展的前端推动力，聚焦于人才的培养和利用，其背后所反映的问题是民族现代化发展面临的阻力问题。

第三部分是畲族女性学校教育发展困境及其原因分析。在摸索中发现问题,解决问题,是事物发展必须经历的过程。对于畲族女性学校教育的研究,研究结果反馈到现实层面最有价值的成效之一就是对问题的发现总结以及相关原因的分析。只有发现了问题,才能更好地去解决问题。本书将导致当前畲族女性学校教育发展困境的因素分成三个层次,并进行逐一探讨:一是表层的外部环境问题,包括区域的地理环境、经济水平、政策情况;二是中层的教育系统内部结构问题,包括教育内容、教育水平以及教育结构是否合理;三是深层的文化问题,包括观念上的落后以及民族优秀文化的流失。

第四部分是针对造成目前畲族女性学校教育发展困境的因素提出发展对策。这部分主要从理论性的内容切入,探讨政策理论的选择、政策价值取向的选择,以及教育保障机制的选择。从宏观层面上,为畲族女性学校教育发展指出明确的大方向:注重隐性价值和显性价值、应用价值和实用价值、直接价值和间接价值共存,借鉴多元文化政策理论,通过多主体、多手段来保障畲族女性学校教育事业的发展。

第五部分从宏观视角出发,本书综合分析畲族女性学校教育在推动畲族民族发展进步中的作用。

民国结束封建专制后,我国著名教育家陶行知先生多次就女性教育发表自己的见解,关注支持女性教育,大力疾呼教育的男女平等。陶行知认识到,决定一国文明程度的,不是男性的受教育程度,而恰恰是女子的受教育程度。1921 年夏天,陶行知在安庆暑期演讲会上,指出,女性教育是中国教育不平均的最主要体现。陶行知认为,女性教育的重要性集中体现为如下三点:一是"女子同为人类,应自有知识技能",这是说男女均为社会建设力量这一基本事实;二是"女子富于感化性";三是"女子受教育……不但可以收到家庭教育的好果,并且可以巩固子孙的教育"〔1〕。对于传统文化兴盛但经济较为落后的少数民族地区来说,提升女性教育水平对于整个民族地区发展尤为重要,畲族地区亦如此。从国家的地区经济结构来说,正是有了

---

〔1〕 陶行知:《陶行知全集》(第 1 卷),四川教育出版社 2005 年版,第 307－308 页。

少数民族教育的提高,为本民族经济提供了大量的人才,注入了活力,民族地区的经济结构得到不断改善,发展水平逐步提高,才能推动整个国家的经济结构逐渐完善并持续发展。因此,要实现少数民族的可持续性发展和全面发展,教育是其中最为重要的推动力。

第二章　畲族社会文化沿革及其嬗变

畲族是我国民族大家庭中的一个古老民族，历史悠久，文化丰富多彩，人民勤劳质朴，周到待客，目前还保有相当多古老文雅、优良淳朴的传统风俗礼仪。畲族自称“山哈”。“哈”，畲语意为“客”，“山哈”，即指居住在山里的客人。但史书没有记载这一称谓，而是畲族口耳相传至今。唐代，居住在现今福建、广东、江西三省交界地区的、包括畲族先民在内的少数民族被泛称为“蛮”“蛮獠”“峒蛮”“峒獠”。南宋末年，史书上开始出现“畲民”的族称。“畲”（Shē），意为刀耕火种。1956年，经过民族识别，确定畲民的族称为“畲族”。

根据2020年第七次全国人口普查数据，畲族总人口为746,835人，占全国总人口的0.0529%，其中男性403,516人，女性342,869人。主要分布在我国南方的闽、浙、赣、粤、黔、皖、湘、鄂诸省的80多个县（市），其中93.9%居住在福建、浙江、江西与广东的广大山区。根据2020年第七次全国人口普查数据，福建省畲族人口的数量位居中国畲族人口首位，有375,193人，占全国畲族人口的52.87%；主要居住在宁德市的福安、霞浦、福鼎、宁德、古田，福州市的罗源、连江，南平市的顺昌、建阳、建瓯，三明市的宁化、永安，龙岩市的上杭、长汀，漳州市的漳浦、龙海等县（市）。浙江省畲族有182,507人，比2010年增加9.76%，占全国畲族人口的 24.45%，这项比例也比 2010 年增加了 0.44 个百分点；主要居住在丽水市的景宁、莲都、云和、遂昌、松阳、龙泉，温州市的文成、泰顺、苍南、平阳等县（市）。江西省的畲族人口占全国畲族人口的 13% 左右，畲族是江西省人口最多，也是江西省唯一成乡镇建制的少数民族；主要居住在上饶市的铅山、弋阳，鹰潭市的贵溪，赣州市的兴国，吉安市的永丰、吉安、吉水，抚州市的资溪等县。广东省的畲族占全国畲族人口的比例为 4% 左右；主要居住在汕头市的饶平，惠州市的博罗、惠东、惠阳，梅州市的丰顺、兴宁，河源市的龙川、连平、和平，汕尾市的海丰，韶关市的南雄、始兴、乳源等县，广州和潮州等市。贵州省畲族有 44,926 人，主要分布在黔东南苗族侗族自治州的麻江县、凯里市，黔南布依族苗族自治州的福泉市和都匀市；安徽省畲族人口为 13,953 人，主要居住在宣城市的宁国等县；湖南省畲族人口为 2891 人，主要居住在株洲市的炎陵和郴州市的汝城等县；湖北省畲族人口较少，主要居住在荆门、黄冈等地。畲族的总体分布属于“大分散、小聚居”格局。畲民居住较为零散，少的几户就组成一个村落，多的也不过几十户，有的是纯畲族聚落，有的是畲汉混居村落。总之，畲族星星点点地与周围的汉族交错杂居在一起。

第一节　畲族社会形态的历史变迁

和其他各民族一样，畲族的历史也有本民族起源、形成发展、迁徙的过程。而在此过程中，畲族社会形态的变迁，尤其值得关注。社会形态是对一个社会经济基础及上层建筑的概括和本质的说明。对于某个地区、某个时段、某个族群社会形态的探究和讨论历来是学者关注的重点。因此对畲族女性学校教育的探讨离不开对畲族社会形态变迁的辨析。由于长期生活在山区深处，畲族生存环境闭塞且恶劣，加之不断的动荡和迁徙，因此，相较于同时期的主流社会经济而言，畲族社会经济长期落后，这也造就了畲族独特的社会形态变迁历史。

一、唐王朝对畲族社会的建郡开发

在目前已发现的文献书籍中，对唐代以前畲族的社会状况未见明确的记载，很难判定当时畲族地区的具体社会形态，但根据一些方志及畲族的宗谱记载，不难看出在隋末唐初，畲族已处于“原始社会”末期。《平昌兰氏宋谱源流序》[1]提到：唐以前“合百家为一家”，唐开始“由一家而分为百家”。这种“合”与“分”，反映这个民族原始公社氏族组织的分裂过程。基于此，对畲民封建社会形态历史轨迹的梳理将从唐代以后的封建社会开始。

隋唐之际，畲族已广泛分布在粤东、闽西、闽南、赣南等闽粤赣三省交界地区，其中，又以泉州、潮州、汀州、漳州一带为甚，形成畲族的原住区。在汉献帝建安初年，这些地带还是“唯时土旷民稀，城圃住落数百里一置”[2]的荒僻地带，其社会则是夷豪酋称雄的溪峒社会。西晋设郡之后，随着内地汉人不断流入，遂成蛮汉杂居之势。据《隋书》所载：“南蛮杂类，与华人错居，曰蜑，曰獽，曰俚，曰獠，曰㐌，俱无君长，随山峒而居，古先所谓百越是也。”[3]至唐朝初年，“蛮族”生齿日繁，大部分土地已“刀耕火种”，所谓“左衽居椎髻之半，可耕乃火田之佘”，且经常出现“蛮獠啸乱”的情况。而此时，也是正值唐代封建统治势力崛起，在更广的范围内建立大一统政权成为唐代统治者的必然追求。因此，原本属于蛮荒僻远的外化之地，也渐入统治者的视野。畲族社会的封建化正是开始于唐代封建政权对畲区的政治控制。

闽粤赣交界区分属岭南、江西、福建三区。岭南地区一直是少数民族的重要聚居分布区，“诸山并俚獠，种类繁炽”“夷獠杂居，隐伏岩障，寇盗不宾，略无编户”。隋代时期，岭南地区幅员辽阔，户口稀少。据《隋书》记载，岭南的郡数是13个，总户数30余万。而在唐初李靖平定岭南之时，“凡所怀辑九十六州，户六十余万”[4]。仅过数年，岭南的郡一级就增加了83个，而户数也增加了30余万，可见唐王朝对岭南地区的统治正在迅速加强。

---

〔1〕 魏征：《隋书》卷82《南蛮》，中华书局2002年版，第1831页。

〔2〕 魏征：《隋书》卷82《南蛮》，中华书局2002年版，第1831页。

〔3〕 魏征：《隋书》卷82《南蛮》，中华书局2002年版，第1831页。

〔4〕 此时的“州”等同于隋代的“郡”。

福建的开发源于陈政父子。建郡之后，陈元光及其子、孙、曾孙皆为漳州刺史，有功于漳州的开发。唐高宗总章二年（公元 669 年），“泉、潮间，蛮僚啸乱”[1]。这可谓史书上关于畲族兵事的最早记载。正如上文所述，当时唐高宗派陈政率兵进入闽粤赣交界地，几度交战，在畲民的军事打击下，陈政“自以众寡不敌，退保九龙山，奏请益兵”[2]。于是朝廷又派出其兄陈敏与陈敷“领军校五十八姓来援”。陈氏二兄弟死于途中，其母魏氏巾帼不让须眉，“代领其众入闽，乃进师屯御梁山之云霄镇”[3]。凤仪二年（公元 677 年），陈政去世后，他的儿子陈元光“代领其众”，继续与畲民战斗，并增兵多次，终于“讨山寨诸贼，平三十六寨”[4]。唐垂拱二年（公元 686 年），漳州建郡，陈元光出任刺史。唐景龙二年（公元 708 年），“潮寇与土蛮复作，将军元光殒于战，漳人哀而祠之。有颂述将军父子功者，无不指称佐郡丁承事，其赞襄之力居多也。府君初卜宅于江东象山之原，盖开屯旧地也。先龙溪为泉属邑，归闲之际，府君募民障海为田，泻卤成淡，而沿江上下暂有耕地，为吾乡永世之利”[5]。而相对岭南与福建地区而言，江西的开发比较早，但赣南地区开发却又较迟，“汉唐以前，率以荒服视之”[6]，一直到北宋，“虔州江南地最旷，大山长谷，荒翦险阻。交、广、闽、越闽、越铜盐之贩，道所出入，椎埋盗夺鼓铸之奸，视天下之多”[7]。这也从侧面反映了封建王朝对赣、闽、粤结合区的统治是一个渐进的漫长过程。

对边陲地区进行建郡统治，是封建王权建立大一统政权的需要，代表着中央政府对边缘地区的控制，也意味着此时封建势力的发展亟须开拓疆土，实现更大范围的统治。在此背景下，封建王权借助较先进的生产力和强大

---

〔1〕 详见杨澜：《临汀汇考》卷 1《方域考》。

〔2〕 详见薛凝度：《云霄厅志》卷 11《宦绩》，清嘉庆二十一年本。

〔3〕 魏征：《隋书》卷 82《南蛮》，中华书局 2002 年版，第 1831 页。

〔4〕 详见杨澜：《临汀汇考》卷 11《兵寇考》。

〔5〕 详见（明）黄仲昭：《八闽通志》。

〔6〕 详见汤斌：《重刊〈谢志〉序》，转引自赣州地区志编纂委员会办公室重印《同治赣州府志》辑录的旧序。

〔7〕 详见（宋）王安石：《虔州学记》，《同治赣州府志》卷 23《经政志・学校・赣州府》录载，同治十二年刻本。

的武力,攻破边陲地区少数民族的生存环境屏障,并强势地侵入边陲地区少数民族的政治生活,而建郡便是这种胜利的象征。建郡以及大量汉人的迁入,为畲族地区带入大量的先进生产技术和设备,客观上促进了畲族社会发展。畲族社会逐步进入封建化的过渡过程。

二、宋元时期对畲族社会的开发与统治

宋代畲族的分布与唐代相比,中心区域依然是在赣闽粤边区,但有了明显扩大的趋势,其西及于粤北,东北有向闽西北、赣东北、浙西南推进的态势。总的来说,宋代畲族的分布区域广大,但此后的发展趋势则是畲族活动范围不断缩小。不少学者认为,该时期也是畲族成为单一"独立"民族的最终形成期。如谢重光教授从是否具有共同的生活地域、共同的经济生活、共同的语言、共同的社会文化心理和独特的风俗习惯等方面对此进行论证后,提出畲族出现的时间是"最迟不晚于南宋中叶"〔1〕,这个新兴民族当时主要活动区域是今天的江西、广东、福建接壤的山区。这就是说,根据谢重光教授的观点,早在南宋时期,畲族就已具备了自身的各种要素,而这些要素正是作为一个独立民族所应具备。当然,学界对此也存在不同的见解。但在宋代以后,封建政府进一步加强对畲族集聚区的控制,畲族作为一独立民族在自身发展中不断成熟,畲族社会生态也进入一个快速的发展调整期,是不争的事实。

(一)宋时闽地畲民的抗争与发展

刘克庄在《漳州谕畲》中提及:"……漳尤闽之近里,民淳而事简,乐土也。……省民、山越,往往错居……凡溪洞种类不一……在漳者曰畲。西畲隶龙溪……南畲隶漳浦……二畲皆刀耕火耘,崖栖谷汲……有国者以不治治之……畲民不悦,畲田不税,其来久矣。"〔2〕宋理宗景定年间,"畲人不堪"朝廷的苛捐杂税,"遂怙众据险,剽略省地"。景定四年(公元1263年),

---

〔1〕 谢重光:《畲族在宋代的形成及其分布地域》,载《韩山师范学院学报》2001年第1期。

〔2〕 详见刘克庄:《后村先生大文集》卷93《漳州谕畲》。

宋朝统兵“会合剿捕,仅得二捷”,无法彻底解决畲民的抗争。于是命令官吏“入畲招谕”,他们即可“且招且捕”。于是,“西九畲相继受招”,“南畲三十所……愿为版籍民……二畲既定,漳民始知有土之乐”[1]。宋理宗绍定二年(公元1229年),宁化“宴头陀”宴彪起事,《宋史·理宗本纪》称其为“汀、赣、吉、建昌蛮僚窃发”,历时两年。由此可见,畲民在教化与归训之间不断与王朝统治者进行博弈。

(二)宋朝对溪峒社会的全面开发与统治

据《宋史》记载,宋廷对畲族集聚的东南区域进行开发始于庆历年间,桂阳是当时畲族的重要聚居地。宋庆历三年(公元1043年)九月,湖南转运使言桂阳监蛮猺内寇:“蛮猺者……其山自衡州常宁县属于桂阳、郴、连、贺、韶四州……蛮居其中,不事赋役,谓之猺人。”[2]可见,该时期部分畲族社区已在宋廷的控制之下。不过,宋廷对畲族社会进行的全面开发,应该是宋神宗时期的“开梅山”事件之后,宋朝有效加强了对南方少数民族地区的控制。梅山是宋代五溪蛮傜的主要根据地,处在五溪的中心地带。据《宋史》记载,“于是遂檄谕开梅山……籍其民……均定其税,使岁一输”。[3]“开梅山”之后,宋熙宁五年,宋神宗命知潭州潘夙、湖南转运副使蔡烨以及判官乔执中,以“人安德化”之名,在蛮傜地区新置安化、开化二县,对其酋长进行招抚,化为朝廷命官,对部分蛮傜进行编户,纳税完粮,并设立学校进行教化。但总体而言,仍有大量畲族并未进入国家政权的统治,他们为了避免徭役、躲避兵乱,迁离世居之地,加快了南迁进程。

宋廷内忧外患,政治腐败,为解决冗官、冗费、冗兵、冗食等政治社会主要问题,不断加大对包括溪峒社会等百姓的横征暴敛,主要体现在征丁、授田和榷盐三个方面。一是征丁。宋廷长期在湘赣闽粤边区强制征发或招募“枪手”“枪杖手”“峒丁”。嘉祐六年(公元1061年)“广、惠、梅、潮、循五州

[1] 详见刘克庄:《后村先生大文集》卷93《漳州谕畲》。
[2] 详见《宋史》卷493《蛮夷一·西南溪峒诸蛮上》。
[3] 详见《宋史》卷494《蛮夷二·梅山峒》。

以户籍置”;治平元年(公元1064年),“选本乡有武技者充”[1];元祐元年(公元1086年),“多至数百人,少不下一二百人”[2]。至南宋时期,宋廷依然推行强召枪杖手和峒丁之制。建炎三年(公元1129年),“籍定枪杖手、峒丁人数,以备调遣”[3];嘉定七年(公元1214年),“辰、沅、靖三州之地多接溪峒……熟户、山猺、峒丁乃居外为捍蔽”。[4] 二是授田。由于唐代对溪峒社会的开发远未完成,因此原本生活于此的溪峒人素来不负担徭役,但在宋廷统治后,溪峒人户便被普遍施行“授田”,即采取“约贼出峒,授田为民”的措施,将原本随山散处,转徙不定的“徭人”改造为编户百姓。而被征为“峒丁”的“徭人”境况就更惨,即要“计口给田”,还要担负“负弩矢前驱”的“边陲防卫”之责,甚至要完成“一夫岁输租三斗”的纳粮要求,导致“山猺峒丁之常租,仍虚挂版籍,责其偿益急,往往不能聊生”。三是榷盐。宋廷在全国范围内推行榷盐制,对食盐进行垄断专卖,且官盐定价甚高,又划出若干行盐区,不许越区贩卖,而部分地区如果按区行盐则需长途肩挑搬运,使盐价更高。高昂的盐价使百姓苦不堪言。其中,虔、汀二州百姓受榷盐弊政祸害最深,因而此二州的“盐寇”之患最烈。当时,汀州人如若打算贩盐,“辄先伐鼓山谷中,召愿从者……率常得数十百人已上,与俱行”。[5] 榷盐弊政、横征暴敛,严重侵害了溪峒人的利益,导致宋代“峒寇”之乱愈演愈烈,对赣闽粤边区的社会生态和民族关系产生深刻的影响,导致此区社会矛盾和民族矛盾尖锐复杂。其中,又以郴州“黑风峒寇”之乱、陈三枪“赣寇”之乱、晏头陀“盐寇”之乱三例“乱事”规模最大,影响最深远。

宋代以来长期大规模且波及面极广的反抗斗争,导致赣闽粤边区的社会面貌发生深刻变化。一方面,畲民与汉人在联合斗争中,加强了合作,加深了交流,加速了融合,开启了畲汉关系的新篇章。另一方面,在平乱之后,中央政权往往将本无户籍的化外之民纳为版籍民,实现畲民政治身份从“游

---

〔1〕 详见《宋史》卷494《蛮夷二·梅山峒》。
〔2〕 详见《宋史》卷494《蛮夷二·梅山峒》。
〔3〕 详见《宋史》卷494《蛮夷二·梅山峒》。
〔4〕 详见《宋史》卷494《蛮夷二·梅山峒》。
〔5〕 详见《宋史》卷182《食货下四》。

民”向“臣民”的转化，并通过教化，推进畲族民族习俗文化的封建化，有力地推进了畲族社会心理和人文性格的全方位整合。

（三）元代政权的民族歧视与畲民抗争

南宋后期，政治腐朽、国力孱弱，政权终被蒙古人灭亡，被元朝取而代之。元朝统一中国后，实行严酷的民族歧视和压迫政策，而包括畲民在内的原南方民众对此进行了长期激烈的抗争，由此深刻影响了元代政权走向和各民族的发展。元朝建立以后，将全国民众分为蒙古人、色目人、汉人、南人四等。其中蒙古人和色目人作为征服者与统治者，为上等人；汉人和南人作为被降服和奴役之人，属下等人。上下等级之间权力相差悬殊。上等人受统治者重用，地位显赫，享有特权；下等人地位卑贱，处处被歧视排挤。二者在政治上的差异主要体现在任职、科举与法律三个方面。一是任官限制。元朝廷在制定官职时，明确规定，诸职位的正职由蒙古人担任，汉人、南人最多只能担任副职，即所谓“官有常职，位有常员，其长则蒙古人为之，而汉人、南人贰焉。于是一代之制始备，百年之间，子孙有所凭藉矣”〔1〕。一些要职，也只能由蒙古人、色目人担任，汉人、南人不得染指。所谓“天下治平之时，台省要官皆北人为之，汉人、南人万中无一二。其得为者，不过州县卑秩，盖亦仅有而绝无者也。后有纳粟、获功二途，富者往往以此求进。令之初行，尚犹与之，及后求之者众，亦绝不与南人”〔2〕。这样的政治歧视，自忽必烈之后一直执行，直至元顺帝后至元三年（公元1337年）夏四月，还下诏规定“省、院、台部、宣慰司、廉访司及郡府幕官之长，并用蒙古、色目人。禁汉人、南人不得习学蒙古、色目文字”〔3〕。连蒙古、色目文字都不能习学，可见上等人与下等人的界限真如天隔。二是科举应试的不平等。科举制度作为封建时期政治流动的主要渠道，是各时期政治权力的主要体现，对整个社会发展产生极其重要的影响。而元代的科举制度在考试内容、录取标准乃

---

〔1〕　详见《元史》卷85《百官一》，第2120页。

〔2〕　详见（明）叶子奇撰：《草木子》卷3《克谨篇》，文渊阁《四库全书》本。

〔3〕　详见《元史》卷39《顺帝二》，第839页。

至应试保障的设置上，都体现出上下等级人之间的明显差异。在考试内容上，蒙古人、色目人试卷较容易，汉人、南人试卷较难："乡试，八月二十日，蒙古、色目人，试经问五条；汉人、南人，明经经疑二问，经义一道。二十三日，蒙古、色目人试策一道；汉人、南人古赋、诏诰、章表、内科一道。二十六日，汉人、南人，试策一道。""御试……汉人，南人，试策一道，限一千字以上成。蒙古、色目人，时务策一道，限五百字以上成。"在录取标准上，彼此不同榜："或蒙古、色目人愿试汉人、南人科目，中选者加一等注授。蒙古人、色目人作一榜，汉人、南人作一榜。"在应试保障上，彼此不尽相同：考中获累举不中而授官，蒙古、色目人授官等级较高，而汉人、南人授官等级较低："蒙古、色目人年三十以上并两举不第者，与教授，以下，与学正、山长；汉人、南人年五十以上并两举不第者，与教授；以下，与学正、山长。"〔1〕三是法律上的区别对待。蒙古人、色目人与汉人、南人之间在审判机构和量刑轻重上，也不尽相同。"蒙古、色目人犯奸盗诈伪之罪者，隶宗正府；汉人、南人犯者，属有司。"〔2〕不同的机构处理不同的对象，其量刑轻重肯定也是不同的。如"诸蒙古人与汉人争，殴汉人，汉人勿还报，许诉于有司"〔3〕。"诸蒙古人因争及乘醉殴死汉人者，断罚出征，并全征烧埋银。"〔4〕而在汉人与南人之间，南人的地位又更低下。在任官方面，元朝对于南人的排斥也更彻底。"自世祖以后，省台之职，南人斥不用"〔5〕，个别开明的皇帝如始祖忽必烈，想要任用有才干的南人，也要受到极大的阻力，如台州临海人陈孚，"帝方欲寘之要地，而廷臣以孚南人，且尚气，颇嫉妒之，遂除建德路总管府治中"〔6〕。所以很多怀才不遇的南人只有深深叹息："今世之士生于南方者，为时所弃，恒不得为显官。"〔7〕

在此等民族歧视下，南方各族的地方政权与中央政权之间的矛盾格外

---

〔1〕　以上关于科举的资料，均见《元史》卷81《选举一》。
〔2〕　《元史》卷38《顺帝一》，第821页。
〔3〕　《元史》卷105《刑法四·斗殴》，第2673页。
〔4〕　《元史》卷105《刑法四·杀伤》，第2675页。
〔5〕　《元史》卷187《贡师泰传》，第4295页。
〔6〕　《元史》卷190《陈孚传》，第4339页。
〔7〕　（元）杨翮撰：《佩玉斋类藁》卷4《送崇仁县尹陈子英之任序》，文渊阁《四库全书》本。

突出。翻开《元史》等正史，为数不多的有关畲民记载，均是“逆上造反”的起事记录。而这也直接反映了畲民在元代这个不足百年的朝代中所展现出的主要政治参与特征。如果将畲民的起事进行时间上的梳理，可以大体将其分为抗元和反元两个部分。抗元斗争主要发生于宋末至元统一江南初期。这个时期，畲民的抗元斗争最为激烈，而且往往与抗元复宋相联系。

据《元史》记载，宋景炎元年（公元1276年），“时诸郡盗起，其最盛者陈吊眼，拥众五万，陷漳州”[1]。他们在泉州与文天祥、张世杰等人配合，讨伐蒲寿庚，“张世杰围泉州将淮军及吊眼、许夫人诸洞畲军，兵威稍振”[2]。他们的路线包括漳浦、云霄、诏安等地。元至元十九年（公元1282年），建宁黄华举事[3]，畲妇许夫人又率畲军转战闽北与黄华军会合。畲军的路线又涵盖南平、建宁、崇安、浦城等地。元至元二十三年（公元1286年），钟明亮在广东的循州起事，转战于闽西南、赣西南等地，其军队得到了闽南、闽北等地畲族的支持，并出现了“拥众十万，声摇数郡”的局面。时任福建按察使王恽上疏朝廷曰：“况福建归附之民户几百万，黄华之变，十去四五，今明亮之势又烈于华。”[4]

畲民的反元斗争主要发生于元统治后期。经历了元中期的稍显平稳的统治之后，随着元朝廷势力的式微以及各地民众对苛政的不满，起事渐起。畲民亦不例外，但力量已大不如前。对于畲民持续的抗元与反元斗争，明代张溥认为与元军灭宋有关[5]。这不无道理，因为如前文所述，在元前期，畲民的抗元斗争，往往是与汉人联合，且多是在宋代遗臣的领导下进行，鲜有独立的抗争行为，甚至至元二十年（公元1283年），黄华起事依然使用宋祥兴年号。然而到了元后期，畲民的起事原因已逐渐转化为不堪忍受元朝廷的残酷统治与剥削。实质上，在元代不足百年的时间里，蒙古人对畲族社会的封建化进程并没有明显推进。不可否认，这一时期，坚持在深山中保持自

---

〔1〕《元史》卷135《塔里赤传》。

〔2〕《宋季三朝政要》附录卷6。

〔3〕《元史》卷162《刘国杰传》。

〔4〕《元史记事本末》卷1《江南群盗之平》。

〔5〕陈邦瞻撰：《元史纪事本末》卷1《江南群盗之平》。

己的民族身份的畲族人,加强了自己民族的身份认同和对其他民族边界的认识,并确定了其基本的地理分布,“畲族的基本格局由此底定”[1]。

三、明清时候畲族社会的定耕与发展

(一)明代统治者对畲民的招抚与教化

明代时期,畲民主要聚居于湘赣闽粤的交界区。经历了元代的多次剿抚与大迁徙之后,畲民在明朝建立初期,稍显“沉寂”,并未像之前一样“纷纷起事”。为数不多的几次“动乱”,在规模和时间上,与元代时期的相比也差之甚远,这一方面是因为经历了长期的战乱导致畲民人数的锐减,以及不断迁徙同化所导致的力量分散和削弱;另一方面说明封建大一统政权力量的进一步增强,对畲民集聚区控制力量的渗透与加强。不可否认的是,中央政权对地方政权的控制并不会一劳永逸。随着中央政权因为腐败而不断势弱,加以山深地险、连年灾荒,导致畲民生存区域的社会问题凸显,溪洞纠结,时常爆发“山寇”之乱,逐渐形成赣南、闽西、粤东三个动乱中心,对封建统治造成极大的挑战。仅南安府大庾、南康、上犹三县,“贼巢”“小者未计,其大者总有三十余处”。在不断征剿之中,明代统治者吸取元代灭亡的惨重教训,采取较为缓和的民族政策,沿用唐宋时期对畲族等边陲地区的统治策略:在凭借武力镇压之后,通过设立县、乡、都、图等行政机构,实现对畲族的有效统治,并通过教化工作,进行有效安抚,实现长治久安。

概言之,明代的安抚措施主要有以下三个:

第一个措施是在畲区设安抚官员和安抚机构。安抚官员主要有两类:一是“抚瑶土官”;二是“抚民通判”。前者由畲族首领担任,后者是朝廷任命的汉人官员;前者专管畲民事务;后者兼管安抚畲、客事宜,而“抚民馆”则是管理机构。这种机构等到条件成熟,往往发展为设县。设新县的目的就是加强对畲族地区的统治与教化,通过一套统治和礼乐教化机构的建立,从而实现“遂渐从善而归治”的效果。

---

[1] 谢重光:《元代畲族史的几个问题》,载《广西民族师范学院学报》2018年第5期。

第二个措施是加强畲区百姓的里社伍保组织，推举“里老”“老人”参与治理村民事务，在立祠等村社事务中发挥组织、管理作用。

第三个措施是颁布相关律法。如明正德年间，闽粤赣交界地的赣南、汀州一带曾发生“畲乱”，被巡抚王守仁“檄四省备官选募民兵操练。……平之”。[1] 正德十六年（公元1521年）他精心设计了《南赣乡约》，共16条，是其对“畲乱”进行军事围剿后的社会秩序的确立与控制。王守仁“心学”的实践使赣南、汀州的畲民逐渐融入客家民系。同时，由其创立的“十家牌法”，通过保甲组织，国家的权力可以有效地扩展到基层社会，通过政权的强制、乡村地缘和族缘关系之间的相互维护和相互监督，以推行和维护新民地区的封建秩序。

实际上，明代的安抚政策取得了较好效果。设县实现了对畲民政治的控制，礼乐教化改变了民俗民风。因此，继在汀州设置归化县以及永定县之后，明朝政府又在二县的周边地域陆续增设了永安县、平和县等县，直接体现了此时畲民的主要集聚区已不断进入封建势力的统治范围，并有不断被渗透的趋势，大量畲民“回面向化”，归顺了中央王朝，也反映了汀州及整个赣闽粤边区经济社会的巨大发展。

如上文所述，明朝畲族持续迁徙，但其主要动因，从军事逐渐演变为经济活动。大量畲民迫于生计，以家庭为单位，向闽浙赣交界地移民，其主要动因是种菁。明代的“福建蓝”远近驰名，当地百姓为了获取丰厚利益，纷纷从事种菁业，这一行业在闽粤赣交界地盛极一时。这一地区的畲民也以“菁客”的身份，大批地跟随“菁寮”寮主，向人口较为稀少的闽浙赣交界地迁移。他们向当地的“山主”租赁山地，种植蓝靛，生产染料，发展菁业。闽浙赣交界地原因，倭寇、战乱等动荡，以及山洪水灾等自然灾害，导致田园荒芜，大量人口迁出，客观上为畲民提供了生存空间。畲民们在当地种植畲禾等粮食作物与苎麻、蓝靛等经济作物，闽浙赣交界地的畲民于是便有“畲寮”“菁寮”“苎寮”的“三寮”之称。他们以此维持生计，并在当地安家落户。

---

〔1〕《明史记事本末》卷48《平南赣盗》。

（二）清代畲族社会的定耕与发展

虽然学界关于畲族的迁徙历程尚有争议，但至明清时期，畲民主体已基本结束迁移历史，在闽浙赣交界区定居已是共识。此时畲族社会内部生产力水平有了大幅度的提升，封建式生产关系已逐步建立〔1〕。定居后，畲族社会的生计模式逐步显现出农业经济的特点，即从“游耕狩猎”转向“牛耕锄种”。此时，铁制农具也普遍出现于畲族地区，从侧面反映当时畲区社会生产力迈上新的台阶。

历经漫长岁月的迁徙动荡，而最终得在福建、浙江和江西山区定居的畲民，绝大多数人由于没有自己私有的土地，只能租种当地地主的山林或佃田，所以就有了“山哈”之称，意思就是“山里的客人”。畲民当时的表述是“所耕田皆汉人业”，虽有夸大之嫌，但也基本符合实情。封建社会的生产关系在汉族地主和畲族佃户之间开始陆续形成，这使他们之间的关系更加紧密：一方面，畲民对于汉人地主阶级产生一种依附关系，这样他们才不再是“流烟人群”；另一方面，由于畲族群体引入并习得了汉族社会先进的生产技术，促使封建制度得到了加强。

相较于之前的其他历史时期，清代政权较为开明的民族政策在客观上也促进了畲族等少数民族的成长。一是建立“编甲完粮”的户籍制度。据《清史稿》所载：“世祖入关有编置户口牌甲之令……及乾隆二十二年（公元1757年），更定十五条……各省山居棚民，按户编册……广东寮民，每寮给牌，互相保结。”〔2〕进入户籍制度的畲民“视土著之民”享受土著之民权益，也承担赋役之义务。也就是说，到乾隆年间，畲民与普通的黄册百姓已是一视同仁。

二是优化科举制度。清代在中原建立政权以后，为加强统治，沿袭了明代的科举制度，并不断优化，通过广设义学，准允少数民族应试，并给予一定

---

〔1〕邱开玉、廖梦雅：《夹缝中生存：清代畲民政治参与窥探》，载《广西民族研究》2018年第1期。

〔2〕参见赵尔巽等撰：《清史稿》，中华书局1976年版。

的额数保证等有力措施，鼓励少数民族通过科举进入封建政治体制。在此过程中，通过科举应试，一部分畲族先民得以进入统治阶层，从而也就获得了一定程度的参与权和话语权，可以为本民族主张利益和伸张权益，这也一定程度上加快了畲族社会的封建化进程。畲族社会的封建化为畲民教育奠定了社会基础。

第二节　畲族的山歌文化

民族是具有共同文化的社会共同体。文化是一个民族的底色，成为某一民族区别于其他民族的特征，即民族个性。民族个性是一个民族区别于其他民族最根本的属性，是指一个民族秉承它的民族传统文化和思想，在改造自然、社会生活和社会活动中形成的固有的、鲜明的、本质的风格特点。在长期的历史进程中，畲民也创造了独具本民族丰富个性的族群文化，其民族个性在丰富的文化礼俗中得到很好的体现。畲族的文化礼俗包括家族传说、家族谱系、谱牒、歌谣、祭祀礼仪、村落民居等。这些文化礼俗融汇民族性格、价值观念、审美情趣以及风尚习俗，形成了别具一格的畲族文化形态，成为中华民族文化宝库中一份珍贵的遗产。

但由于本书主要论述畲族女性学校教育，所以其他文化因素在此不逐一论述，本节仅关注畲族山歌文化在塑造价值、传承文化方面的功能。这是因为畲族是一个没有自己文字但有自己语言的古老民族，所以山歌是畲民最重要的社会教育形式之一。“不会唱畲歌，不是山哈人”，以歌代言，以歌表情，曾经，畲歌融入了自称为“山哈”的畲族人的血脉。

畲族只有语言而无文字，因而畲民常借用汉字记畲语音法，手抄许多歌本。无伴奏的山歌是畲族人民最热爱的一种音乐形式，是畲民生活中不可缺少的部分。畲民还可以从歌里学到许多历史与自然常识，比如三皇五帝时代的传说，自古至今历代大事；畲族人民反抗封建统治阶级的历史故事、各种节气、时辰、花名、鸟兽种类；等等。虽然山歌反映得内容还不够全面，但对畲族人民起到一定的教育作用。过去的山歌一方面宣扬了一些如何做好人好事的道理,另一方面散布了许多忠、孝、贤、节等伦理道德观念,对维护畲族内部团结起着重要的作用。

一、畲族山歌的功能

畲族山歌与畲民的生活有非常密切的关系。它贯穿人生的各个阶段,覆盖生活的不同层面,成为劳动人民生活的亲切伴侣劳动中的助手,社会斗争中的武器,交流情感、传播知识、娱乐消遣的工具。它以其得天独厚的发生发展过程,而具有名种功能与作用。

(一)畲族山歌的认知功能

畲族山歌具有强烈的认知功能。首先,畲族山歌对于大至天体、小至细胞的自然现象都有歌咏,它可以帮助人们增长多方面的自然、历史,以及科学文化知识。其次,畲族山歌直接反映了历史、社会、劳动、风土人情、爱情婚姻、日常生活。畲族山歌作为畲民的民间艺术,具有反映与创造统一、再现与表现统一、主体与客体统一等特点。往往能够更加深刻地揭示社会、历史、人生的真谛和内涵,具有反映社会生活的深度和广度的特点,并且常常是通过生动感人的艺术形象,给人们带来难以忘却的社会生活的丰富知识。它是认识历史、社会、民风民俗的宝贵资料,畲民通过山歌演唱和欣赏活动,可以更加深刻地认识自然、认识社会、认识历史、认识人生。

比如,霞浦畲族《二十四节气歌》中唱道"二月惊蛰雷公声,父母又叫去梨田。春分游玩回家转,采茶姐妹歌满山。三月清明百草生,祭墓郎仔正商量。谷种下土天气好,丰收年景用心忙。四月夏天热又到,穷人没穿不用愁。小满播田日日大,满园蔬菜任你摘……"畲族多地流传的不同版本的《二十四节气歌》,是传播农业知识的"科普歌"。在漫长的农耕社会中,为指导农事活动发挥了重要作用,拥有丰富的文化内涵。

再如,畲族山歌《高皇歌》又称《盘古歌》《龙皇歌》《盘瓠王歌》,是一首长达三四百句的七言史诗。歌中有"神农皇帝真聪明,教人采药医病人;亲尝百草医毛病，后来成佛做灵神。神农过了是轩辕，造出何车又何船；衫衣亦是轩辕造，树叶改布着巧软。轩辕过了金天皇，何道何理坐大堂；传位颛顼管天下，历书出在颛顼皇……”《高皇歌》以神话的形式，叙述了畲族始祖盘瓠立下奇功及其不畏艰难繁衍出盘、蓝、雷、钟四姓子孙的传说，反映了畲族的原始宗教信仰和图腾崇拜。

还有各种《田歌》《挑水歌》《砍柴歌》《牧牛歌》《春耕歌》《种棉歌》《婚礼歌》《祭祀歌》《采茶歌》……涉及传播农业生产、读书学习等领域，这些歌曲记述了畲族先民对自然现象的认识，以及历史、生产、生活和礼仪知识。

（二）畲族山歌的社会教育与整合功能

畲族山歌是畲民的一种教育传播方式，在劳动人民的集体智慧推动下已经成为一面镜子，它真实地从各个角度再现了劳动人民的社会现实生活，具有“畲族百科全书”的性质。畲族山歌作为一种全息性、整体涵盖性、高文化含量的艺术载体，通过传唱等方式将所承载的各种思想文化内容传向四面八方；将通俗易懂的内容，用歌唱这种大众喜闻乐见的艺术形式，向所有听众进行广泛传播。在此过程中，畲族山歌的教育和社会整合功能得以实现。

畲族山歌是劳动人民的歌，歌手来自民间、来自基层，对百姓生活特别熟悉，因而，他们演唱的内容能激起广大听众感情深处的强烈共鸣。畲民通过山歌活动，思想上受到启迪，实践上找到榜样，认识上得到提高。在潜移默化的作用下，引起人的思想、感情、理想、追求发生深刻的变化，引导人们正确地理解和认识生活，树立起正确的人生观、价值观和世界观。

畲族山歌中怀古劝善、诚实守信、颂人品格、倡导家庭和睦、教人忠孝节义的主题，十分普遍。这些歌谣成为畲民生命规范的准则和伦理教本。比如，“世歌来劝兄弟听，劝你兄弟心莫呆；莫乱喝酒就赌钱，几个赌钱会发财；世文再劝大细听，千万莫做呆心事；善作善报有出身，远在子孙近在身……”这是《畲族劝世歌》，歌词共 44 句，句句劝人行善尽孝、勤奋向上、友邻和睦，是畲族家风祖训的浓缩精华。

(三)畲族山歌的交际公关功能

畲族山歌的交际功用包括沟通联络友情、恋爱、交流、送往迎来及对歌斗智等。

情歌是人民爱情生活的真实反映。它主要抒发青年男女由于相爱而激发出来的悲欢离合的思想感情。畲族历来是一个自由恋爱传统比较浓重的民族,畲族人民较少受到的封建礼教的束缚,青年男女敢于追求自由美好的幸福爱情。因此,畲族人民创造的情歌十分丰富,有多种多样的形式和风格。畲族情歌内容讲求浓情厚谊,多谈感情、缘分,少谈钱财礼金,追求爱情专一的高尚品质。勤劳、忠诚,是畲族情歌衡量爱人的主要标准,不过于追求容貌。畲族情歌不只是属于青年男女,中老年歌手也把情歌当成重要节目。在盘歌堂上,男女青年通对唱情歌相识和表达爱意,而中老年歌手也不甘示弱,唱情歌时他们的感情显得更加奔放,又不失成熟老练,通常能获得更多的喝彩。

畲族情歌语言多率真、奔放,追求优美真切,亦有含蓄内敛之作。奔放如《娘切小郎切到颜》,歌者大胆、直率地唱出内心的那份火热,一个恋爱中的少女,因思念情郎而歇斯底里,站也想坐也想,茶饭不思,辗转反侧,梦里依旧,接近疯狂。如《娘切小郎切到颠》片段:“站亦唱,坐亦唱,日日乃念小贤郎。手掇饭碗无心食,田头做事无心思。站不是,坐不是,日日念郎想相思。热来通身出汗水,冷来盖得三床被……”

逗乐歌又称赛智歌,是歌手们在实际对歌场合与对方比睿斗智而即兴创作中积累起来的民歌。为了学习智者的长处和发挥自己的才干,有些歌手不仅把它搜集旧类,也刻意进行创作。其内容多为斗智比才、戏谑讥笑和相“骂”争雄。这类歌搞笑成分较多,深得畲民喜爱。如畲族赛智歌《一双仙桃红绯绯》,歌词极力扬显自己的本领,贬抑对方的无能。如夸耀自己山歌多,是“肚里有歌无万千,坐落娘垌嘹三年”;说自己的本领,如“做鸟晤吓山林大,做鱼唔吓海塘深”。说对方的无能如“铁砂啮唔碎”“做鸟箭来射”“做鱼网来锁”,等等。斗智争雄时,许多歌手还有即兴之作,善用比兴,以压倒对方为胜。

赛智歌往往夸大其词，甚至有的赛智歌纯粹吹牛皮拉大鼓，笑煞围观者。如流传于金华畲区的《大讲歌》片段：“大讲郎，郎歌多过田里禾，郎歌多过田里草，今年割掉明年何。大讲娘，一根甘蔗九重糖，一斗糯米九瓶酒，一个鸡公九人抗。”

二、畲族山歌种类

据调查资料显示，至今保存下来的畲族山歌不下万篇、数十万行。内容涉及自然、祭祀活动、历史、天体、传说、时事政治、生产活动、人民生活等诸多方面。畲族山歌有小说歌、杂歌、儿歌、历史传说歌、情歌、劳动歌、时令歌等种类。下面介绍几种最具承传畲族民俗知识的山歌。

（一）小说歌

畲族小说歌（或称全连本）约一百多种，是由汉族的章回小说或评话唱本改编而成。小说歌的诞生是近一两个世纪的事情。一般认为，霞浦白露坑的畲民歌手是最早把汉族的章回小说和评话唱本，改编成为畲族山歌唱本的。其中最有名的要数钟廷吉，他一个人就编过一百多种。

小说歌这类民歌目前仍然在广泛流传，据不完全统计，应该多达数百近千种。如《畲族社会历史调查》一书中指出，仅福建一省，就有小说歌篇目140多首。小说歌在群众中有十分深刻的影响。因为它有人物，有故事，有离奇曲折的情节，所以群众都十分爱听。畲族人民本来是没有自己的戏剧的，而小说歌刚刚好弥补了没有戏剧的缺憾，小说歌的出现，大大满足了畲族人民对于戏剧的需求。在畲族人民看来，他们不但可以从小说歌里了解到非常多的历史人物的故事和传奇，而且还可以学习许多生活中的道理。小说歌的产生，可以说全部出自畲族劳动人民中知识分子之手。畲民认为这种歌，是严肃的歌，正经的歌，所以在家中同客人对唱时，一般只唱这种歌，或从这种歌开始。大人教孩子唱歌，也都是从小说歌教起，它在畲族人民生活中占有重要的地位。

（二）杂歌

杂歌数量很多，大概有六七百篇，三万多行。大部分是劳动人民随口编出的。天文地理、人事万物，都能入歌，趣味性浓，吸引力强。《十二生肖》被畲族人俗称为"歌底"，因为当每种对歌形式结束时，《十二生肖》都是畲民必唱的山歌，也是男女歌手在歌唱路上必须要学习的一首山歌。很多专家将它归属杂歌。

（三）儿歌

"细崽歌"是儿歌的别称。儿歌是对儿童开展启蒙教育的民歌，饱含童趣。畲族孩童从开始学习讲话，就学唱儿歌。到了四五岁，他们就学会了唱那些关于对生活的热爱，对劳动的热爱的童谣。《读书歌》和《学字歌》，这两首是畲族儿歌中启蒙教育色彩比较强烈的。

刀子要快石上磨，人崽要侩书上磨；
千万黄金用得了，满肚乌金[1]抢怀去。
细崽读书功夫深，功夫学深正成人。
不信去肽皇帝殿，文武却是读书人。

《教子歌》专为父母教子女如何为人处世而唱的歌，畲民把它列为儿歌。

大人教子莫放松，教子亦要勤耕种；
莫去东游又西荡，寮里冇食苦难当。

（四）历史传说歌

畲族民歌记载了畲族的来源、迁徙和历史事件。《高皇歌》是在畲族群众中间流传最广泛、最悠久的长篇叙事歌。很多久远的畲族历史传说歌都已经失传，据估计，还有数百篇以上流传至今。其中，《火烧天火烧地》和《封金山》是流传最广、影响最大的。《火烧天火烧地》主要叙述远古火烧天、火

---

〔1〕 乌金：指笔墨，引为知识、才学。

烧地后，世间遭大火只留下元英兄妹两人，没有人种，受石猪精指点，在石磨帮助下，以滚磨占婚，扶桑做媒，结为夫妻，生下五男四女，最后发展成现今畲族的众多人口的故事。有的人把它称为畲族的“创世纪”歌。《封金山》这一长篇叙事歌，共有240多行，主要流传于浙江丽水一带。它以夸张的手法描述畲族人民理想中的国度，就像《桃花源记》中的仙境一样。歌中叙述高辛帝三公主带领儿女们在封金山开荒种地、造田建舍、饲养家畜、安居乐业的景象，以及后来因为受官府压榨，被迫带领族人迁徙的故事。畲民们心中期望实现的美好境界是：

封金山上好田场，三万七千串心洋；
新开田地没粮纳，做若冇食是命穷。
封金山上好田场，三万七千串心洋；
十字路口选金殿，选出金殿九城墙。

（五）情歌

情歌，是畲歌中数量最多，流传最广泛、最常见的，常常辅以某种事物的寄托来表达男女之间真诚情感。一般来说，畲族有两种类型的情歌：一是传统歌唱（有手抄本）；二是即兴而歌。传统歌唱（手抄本）的情歌有上千条（首）：《念娘歌》《想娘歌》《无胆与娘对头寻》《成双歌》《结头对》《送娘歌》《情缘歌》《梅花桃花共报春》《含了青茶歌有情》《出门千里莫相忘》《借问红花开没开》《同心歌》《采花歌》《娘情歌》《变情歌》《问你阿哥爱不爱》《隔山有情》《想郎管家》《两人作水》《蝴蝶采花》《人相生好》《十里送娘》《画眉鸟》，等等。其中表示爱情纯真、专一的情歌很多，比如：

天上无云星子晶，大海海水几多深；
我娘不使银两定，只爱你郎真心人。
郎傍贤女娘傍郎，夫妻恩爱甜又香；
地久天长永相好，双双切念情意长。

（六）劳动歌

对于畲族人民来说，劳动歌不只限于歌曲，他们以歌曲的形式表达各种劳动和生产中，人们必须要掌握的重要生产知识，只有各项劳动生产遵循农业活动的季节和规律，才能五谷丰登。劳动歌往往告诉人们节气一去不返，须按照节气指导耕作，不能违背农时，精耕细作才能有好收成。从农、林、牧、副、渔到经商、家务都有一套劳动歌。如《蚕丝抽来做裙衫》唱出了“保护蚕仔养得上，蚕丝抽来做裙衫”这种自给自足的生活方式；“男人犁田女割草，男人插秧女担灰”，《种田歌》所描述的是畲族男女共同劳动，勤耕细作的优良传统。

（七）时政歌

时政歌关于畲族人民对特定政治事件，政策措施和人物的态度、认知和行为的民歌，是畲族百姓对时政的真情流露，也是他们对社会时弊针砭笞斥的有力武器。如广为流传比较有名的《长毛歌》《民国史歌》《孙中山》《解放歌》《打盐霸》《苦歌》《送郎当红军》《红军纪律歌》《五更苦天会明》《毛主席恩情似海深》《山哈热爱共产党》《畲山新貌》《我爱畲山好地方》等民歌，都表现了畲族人民对黑暗社会制度和反动阶级的憎恨，对革命的强烈追求。畲族歌手蓝三满根据太平天国翼王石达开率军到云和的事迹所编的《长毛歌》是其中代表作。歌曲对腐败的清王朝的罪恶进行了控诉和揭露，同时颂扬了太平军的英雄业绩。

无钱人子受尽气，被人剥削吾愿意？
穷人无食要造反，反到州城来收你。
……
长毛造反到州城，州城官府心吓冷。
闲时作威官员大，长毛来了你先行。

畲族历史传说民歌一般为叙事长歌并涉及时政，主题鲜明，内涵深刻。演唱者爱憎分明，嬉笑怒骂皆成歌词，清代以来畲族各聚居区有手抄唱本，极其珍贵。

在新民主主义革命时期，在中国共产党的坚强领导下，畲族人民同各族人民一起，对外抗击外敌侵略，对内反对国民党政府及其反动派，畲民们对英勇顽强、前赴后继的英雄事迹进行传唱。

中华人民共和国成立以后，畲民歌颂中国共产党、伟大领袖毛主席，歌颂社会主义制度的新歌很多，充分地反映了畲族人民当家做主人的心声。如：

翻身谣

日头红红结石榴，革命烈火燃不休，
走出草寮斗老财，妇女翻身真自由。
妇女翻身真自由，天下穷人心一条，
畲汉姐妹手挽手，永生永世跟党走。

畲民的一切生产生活、社交活动都可以以歌代言，畲族山歌是畲族人思想、感情、智慧的艺术结晶。

第三节　畲族女性的文化生态剖析

在世俗社会中，一个人的社会地位主要取决于权力和金钱。此外，辈分和年资、道德、才能等也是构成一个人的社会地位的因素。对于中国社会，还历来有一种民俗传统，即习惯于从生理性别上来确定一个人的地位，女性成员在家庭中往往处于的从属地位。但从浙南畲族的发展来看，女性的家庭、社会地位相较于汉族会更高一些。

无论是从畲族遗留下的文学作品中窥探到的畲族传统礼俗中的女性崇拜，还是从现实层面的女性的独立生活劳作能力来看，畲族女性拥有着独特的社会地位。其长期以来形成的民族女性生态文化和其他民族具有很大的区别。以下将从畲族最具有特色的女性崇拜、女性服饰文化以及社会生活三方面，来介绍并剖析畲族女性的文化生态。

一、女性崇拜

（一）三公主

畲族的女性崇拜由来已久，因为他们认为“男造天，女造地”，妇女是大地的缔造者,比如畲族创世神话《男造天,女造地》就描写了这样的情景:“天是男人造的……地是女人造的,女人勤……有的地方凸起来,变成山……五个指头抓出了条条江河。”在众多神话女性中,最具有影响力的是“三公主”。相传三公主是福建封金山的高辛皇帝的女儿,聪明勇敢,嫁给了盘瓠王之后,和盘瓠王一起去凤凰山开荒,在盘瓠王被毒箭射死后,三公主带领山哈们在鸡啼岙开荒种地。三公主被畲族视为女性的始祖,畲民们把高辛皇帝、盘瓠王和三公主画在布上,称为“祖图”,供人祭拜。凤凰崇拜加上三公主信仰,最美好的女性形象便是凤凰的化身,“崇凤敬女”这是畲族人民一贯的信仰,因而,在畲族中,女性也享有相对较高的社会和家庭地位。

(二)民间女神信仰

除了对于三公主的崇拜,从其他众多的民间文学作品中我们可以看出,畲族人民对于民间女神的崇拜。畲族神话中女性经常被打造成聪明智慧的形象。在民间信仰方面,也有很多女性形象。

1. 临水夫人(陈靖姑)

临水夫人,即陈靖姑,主要是福建连江、古田、宁德一带畲民信奉。据《连江县志》记载:“讳进姑,福州下渡人,生于唐大历二年(767 年),传说能呼风唤雨,除妖救灾。24 岁时,遇大旱,脱胎祈雨,寻卒。”[1]临终时,陈靖姑发誓,死后化为神仙,誓要解救这世上广大妇女的难产之苦。临水夫人死后化成神仙,这种由巫而神的质变,造就了临水夫人这一文化形象的产生,催生了临水夫人这一信仰在畲民中间的形成。传说古田县临水有白蛇洞,吐气为疠疫,神乘云至,挥剑斩之,妖不复兴,因又称“临水夫人”。畲民多把临水夫人当作保育之神,信奉者甚众。连江县境有数座陈夫人庙,最早一座建在县尾铺温麻庙西侧,至今香火不绝。畲族还将农历正月十四定为奶娘节,其时家家户户必摆供品祀祭,祈求儿女平安成长。相传农历正月十四还是陈靖姑的生日,畲族村民有供奉奶娘神像的,都要在这一天祭祀。并每隔

---

〔1〕 邱景雍:《连江县志(全)》,成文出版社 1967 年版。

一两年都要举行隆重的迎神仪式，前往古田县临水宫请奶娘。临水夫人也得到皇权的认可。宋淳熙间，朝廷敕封为“顺懿夫人”，加封“天仙圣母青灵普化碧霞元君”。

2. 马仙

马仙就是马夫人，她因孝而成仙，因此，畲家祭祀马仙也是因为一个“孝”字。马仙是畲家所收的一名汉族义女，她被视作畲乡的美惠女神，也是畲汉血凝亲情的形象表达。马仙信仰文化圈遍及丽水、温州大部分地区。在畲族传说里，马七娘是陕西人，她七岁的时候，跟随她的父亲流落到浙江云和雾溪一带。在那里，大仓的雷马寿认马七娘为义女，本意是为雷家招子。雷家后来果然盼子遂愿，为了感谢马七娘招弟，为子取名为雷马弟。后来，雷马寿又搬迁至坪阳岗水盼，马七娘跟随父亲搭寮垦荒，带着弟弟雷马弟歌唱，还从父亲那里学会了木雕技艺。十七岁那年，天遇大旱，马七娘不得已去景宁鸬鹚谋生，日后嫁给了鲁相公，一直是孝敬公婆和乐于助人的楷模。在雾溪那一带，畲族人民世代祭祀马夫人，抬着她的像游乡，并用畲语祈祷祝福。在景宁大均乡，畲民根据马夫人持羹奉养婆婆这一情节，建成浮伞祠，供奉马仙。在宋代，马仙的信仰被传入福建，并与当地的道教和当地文化融合，成为福建民间文化的一个重要部分。从一个善良纯朴的孝妇，马仙受到社会尤其是世人关注和传扬，在被充实和改造后，成为人们社会生活中的多功能神。在浙南民间，马仙至今依然保有旺盛的香火；而在闽东柘荣县，畲族百姓心中的至神就是马仙。近年来，柘荣的“迎马仙”仪式已经发展成为一场大型文化活动，是民间信仰仪俗和文化节相结合的产物。

3.“插花娘”（蓝姑姑）

“插花娘”，姓蓝名春花，又称蓝姑姑，在畲族传说里，她是美丽和智慧的化身，“插花娘”也是为浙西南一带畲民所广为信仰的女神。相传，蓝春花是浙江松阳靖居毛弄人，因家庭贫困，在汉族财主家为女佣。春花长得标致，财主想强取豪夺为妾。为了反抗地主逼婚，春花在横岚跳崖自尽。亲友对其既惋惜又同情,他们撷采鲜花遮其尸体。此后该处鲜花烂漫,令人啧啧称奇,畲民认为这是她“显灵”的结果。于是,她由人变成神,人们称其为“插花娘”。

在浙江松阳县板桥乡、丽水城关镇的灯盏山、云和县龙门乡与雾溪乡等地都建有插花娘娘庙。畲民们不仅会在遇到麻烦时来祭拜插花娘,祈求去病消灾,还将插花娘顶礼膜拜为掌管自己婚姻和家庭幸福的女神。如果畲民家里发生家庭纠纷或者夫妻分歧,双方均可直接向插花娘娘祈求,求她出面评理和提出调解意见。进入插花娘娘庙里后,人们以花为香并向神灵祈祷。村中主事之人会邀请两位巫师,其中,一位巫师扮演神童,另一位扮演插花娘娘。巫师盘腿而坐,高唱巫歌,这种形式上与插花娘娘神灵的交流,其实是为纠纷双方提供了一种目的性和针对性很强的心理疏导,以实现婚姻和睦与家庭稳定的目标。

二、女性服饰文化

文化“用于表示一种特殊的生活方式(关于一个民族、一个时期、一个群体或全体人类)”[1],畲族的生活方式就是文化的表征,而畲民既沿袭了前辈的生活方式,又受文化濡化的影响,成为文化的传承者。畲族女性服饰文化既体现了畲族女性的崇高地位,也具有鲜明的畲族特色,折射出畲族女性特有的风情和文化生态。

比如畲族女性的凤冠,这种精致的发饰又称“公主顶”,凤冠有如凤凰高高昂起的头,这与前文提及的“三公主”信仰相关。按照传统,畲族姑娘必须从结婚开始,逢喜庆节日或重大场合佩戴,一直到去世带入棺中。据说只有这样,畲族的祖先才会认同死者的身份,凤冠的地位由此可见一斑。

由于历史上畲族不断迁徙,各地的服饰也具有各自的地方特色,但其基本装束则大同小异。扎绑腿,着短裙、短裤是畲族女性造型的重要特点,即是她们日常劳作的具体体现,展示了女性的形体美,更展现了畲族女性追求

---

〔1〕 [英]雷蒙·威廉斯:《关键词——文化与社会的词汇》,刘建基译,三联书店出版社2005年版,第106页。

个性,表现自我的开放意识以及她们勤劳、勇敢、坚忍的精神内涵。

三、社会生活

所有意识形态中对于女性的崇拜都来源于社会实践,同样地,这样的意识形态最后都会反映到社会生活中。不同于其他父系为尊的少数民族,畲族女性在社会生活中承担了非常重要的家庭角色,或者说承担了家庭的主要责任。无论是在家庭的生产力输出,还是家庭关系的情感地位上,畲族女性都显示出了独特的文化特征。

(一)劳作生产方面

1. 农作劳动〔1〕

家庭地位是以一定的经济条件为基础的。一个人对家庭经济贡献的大小,往往会对其家庭地位以及他(或她)与其他家庭成员的关系产生重要影响。畲族是一个"靠山吃山"、以山地农业为主体的民族。畲族妇女与男性一样参与农作劳动,由此也决定她们与男性的平等地位,而不是从属于他们。

明清以前,畲族"食尽一山则他徙"〔2〕,是一种"游耕游居"的生活方式。清代李调元著有《南越笔记》,其中记载了畲族的"刀耕"方式,"耕无犁锄,率以刀治土……曰刀耕"。在书中,李调元还描绘了畲族的"火种":蟠林木使灰入土……以为肥,曰火褥"。另外,狩猎生产在畲民生产中占有重要地位。由于畲民长期居住于山区,野兽常常出没于这些野林荒山之地,狩猎不仅可以消除动物带来的伤害,保护农作物并获得丰收,还可以弥补农业生产收入的不足,弥补家庭对于肉类的需求。所以,畲民一度曾有过"家家皆猎户"的狩猎时代。即便到了明清时期,畲族开始了定居生活,狩猎生产在他们的生产中仍然占有重要的一席之地。中华人民共和国成立后,畲族还

---

〔1〕 邱国珍、赖施虬:《民俗文化与女性社会地位——以畲族女性为例》,载《民俗研究》2005年第2期。

〔2〕 详见顾炎武:《天下郡国利病书》27册《广东·下》。

一直保有狩猎的传统习俗。这种游耕现象,在费孝通先生看来,是一个“从生产力到生产关系、意识形态”[1]的综合性概念,也是“一种社会经济模式”[2]。

正是由于这种社会经济模式,导致在男女两性社会分工上,畲族与汉族是全然不同的。由于长时期生活在山区,这种特有的生态环境使畲族男性要一直担负狩猎工作,这样一来,在农业生产中,畲族男性也就没能取代妇女成为生产绝对主力。而且随着畲族生态环境的变化和社会的变迁,在畲民整个经济生活中,农业地位越来越凸显,导致畲族即便进入了父系时代,但妇女还是家庭农业劳动的主力军,所以跟汉族相比,畲族妇女的地位没有迅速下降。比如在《连州竹枝词》中,唐代诗人刘禹锡用“银钏金钗来负水,长刀短笠去烧畲”这样的诗句来描绘畲族妇女的劳动场景,这也在一定程度上说明,早在唐代,福建畲族妇女就承担着家庭主要劳动。

在历史上的很长一段时间,畲族女性是不裹脚的。她们常与男性一起劳作,并有明确的分工。在春耕季节,男子主要负责耕田、插秧等稍重体力的工作,女子则负责上山割篙、插灰等工作。而在畲族家庭的日常运转中,主要以畲族女性为主体,她们不仅要采砍柴薪,还要担柴换取粮食或生产生活用品。光绪二十二年(公元1896年),刊印了一本《畲客风俗》。其中有一幅画作,名为《换衣》,生动描绘了当时畲民以物易物的现实场景。画里绘有两名畲族妇女,一名妇女肩挑番薯、鸡蛋、鸡等生活物品,另一名妇女肩上背着孩童,身着畲族民族服饰和冠带,正和汉族女子交换易物得来的衣服、鞋、帽。傅恒在《皇清职贡图》中也记载:处州府畲民“畲妇戴布冠,缀石珠,赤足负载”。

2. 编织、制茶手艺

在定耕后的相当长一段时间,畲族家家户户都有纺织机,妇女们利用农闲或雨天从事纺织。她们用竺麻织成麻布,制作麻布衣供夏天穿着,用手纺

---

[1] 费孝通:《盘村瑶族》序,载《读书》1983年第11期。
[2] 费孝通:《盘村瑶族》序,载《读书》1983年第11期。

车纺纱织布,用靛青将布匹染成青、蓝色,制作冬衣、围裙等。她们还用蚕丝织花带、刺绣花边,自织土丝绸布缝制衣服。其中,编织花带是畲族女性必备的手艺。畲族妇女往往在少女时期就跟随上辈学织花带并不断传承与创新,成为畲族最具代表性的民族文化之一。

畲民利用田间地头、房前屋后的空地种植茶叶,用于消暑解渴。而畲族女性不仅是劳动的生产能手,还是制茶的高手。相较而言,女性较男性心灵手巧,因此采茶自然是女性的拿手好戏,而畲家女性制作茶叶亦不输男性,典型案例就是金奖惠明茶。1915 年,由畲族女性雷成女制作的景宁惠明茶,获巴拿马万国博览会金质奖章。

畲族女性依靠自己的勤劳,在经济上享有主动权和自主权,从而决定了她们在家庭中的主体地位和作用。

(二)家庭关系中的主动性地位

畲族女性除了在经济上享有主动权和自主权,是家庭的主要生产力。她们在男女的婚姻关系中也享有相对较高的地位。

1. 畲族女子有财产支配权与继承权

婚姻关系中的地位高低,很大程度上反映在财产的支配和继承上。在父权制社会,男性对家庭财产具有所有权和支配权,女性则处于从属地位一般是受支配的。但畲族却是例外,她们在家庭财产中享有一定的所有权和支配权。这主要缘于畲族女性在集体劳动中担负着重要责任。在畲民家庭中,有兄弟的女子留家招婿,兄弟姐妹平等分享家庭财产。畲族妇女若有失偶,不仅有招夫入赘的自主权,而且可继承先夫的家庭财产。

2. 丧夫再婚、招赘的自主权

畲族社会一般允许丧夫的女性再嫁或招夫养子。再嫁时仍需媒人牵线搭桥,聘金也比初婚少,但她可带走自己的嫁妆。这在某种程度上承认婚姻中畲族女性的独立性。同时,有子女的寡妇也可以留在夫家招郎入舍,这种招来的男子叫“上门郎”。“上门郎”一般要改姓前夫的姓,他们的共同子女也要随前夫的姓。

另外,畲族社会招赘的习俗也较普遍,即“喊儿”或“招儿子”,这一点与汉族社会类似,这类婚姻在畲民社会是不受族人歧视和干涉的,这类婚事照样办的热闹隆重。例如,1998 年雷伟红在浙江景宁东弄村调研时发现,该村共计有 14 家招赘户,其中,畲族招赘户就有 13 户,而且全村约有 17.3% 的畲族户是招赘户[1]。这以畲族社会长期处于劳动密集型现状相关,招赘往往是为了增加劳动力,解决原家庭劳动力不足的问题。在“喊儿”时,彩礼也是必备的,不过是由女方家庭给付男方家庭,婚礼仪式一切都参照男娶女嫁。但汉族的男子到女方后,还必须学会畲语。

3. 参与家庭重要事务的决策权

一直以来,衡量妇女家庭地位高低的一个重要标准是对家庭事务有无决定权。正如畲歌所唱的那样,“寮里无娘难当家”。[2] 在多数畲族的家庭中,是由畲族女性当家。特别是大家庭中的老年妇女,不仅可以参与家中大小事务的商议,而且往往具有最后的决定权。其典型体现,就是在族内的重要仪式中,母舅的权威远远超过叔伯。例如,姑娘的婚事要由母舅主持;妇女去世,母舅未到,不得收殓;婚丧寿诞的酒宴上,母舅必坐大位,母舅未到,一般不许开宴;甚至部分地区畲族兄弟分家也须母舅主持。

4. 在婚姻关系中的主动权

与汉族相比,畲族在恋爱和婚姻方面有较早的自由度。畲族青年的婚姻确定过程与汉族的媒人介绍、父母做主有较大的不同。一般是畲民青年男女在生产劳动或社交场合中通过对歌等形式认识、了解,后确立恋爱关系。《赤雅》里记载了这种通过对歌确立恋爱关系的形式:“男女联袂而舞,

---

[1] 雷伟红:《从婚姻家庭看畲族女性的社会地位》,载《中南民族学院学报(人文社会科学版)》1998 年第 1 期。

[2] 肖孝正:《闽东畲族歌谣集成》,海峡文艺出版社 1995 年版。

谓之踢瑶”[1]，一旦男女双方两情相悦，则由男子背负着女子欢快地跑开。即便是由媒人介绍，也必须要建立在男女自愿和父母同意的基础上。在婚嫁仪式中，新娘抵达新郎家后，要举行隆重的拜堂仪式。而在闽东畲族婚礼中存在“男拜女不拜”的习俗，即在婚礼上，新郎要向祖宗行三跪九叩礼，而新娘只需陪同站立，无须跪拜，彰显了畲族女性在家庭关系中的较高地位。

在畲民家族习俗中，也处处体现畲民母性的尊严。有畲谚语曰：“欠债不欠粮，打人不打娘。”在夫妇关系中，有“作娘家头”的习俗，即男方若对女方不公，女方家便以“打生利亲”显示娘家的威严，带亲戚朋友乡邻到男家论理，甚至没收禽畜，以示惩戒。

综合来看畲族女性在家庭中能够占据主体地位的原因主要在于：一是畲族女性是生产生活劳动的主力，她们积极参加个体家庭劳动，是家庭经济的重要承担者。二是女神信仰流行。在众多神灵中，畲族人还特别崇拜“女神”。畲族宗教信仰中的“三公主崇拜”有力地提高了女性的社会地位，还有其他流行的女神信仰也推动了畲族女性地位的保持或提高。三是母舅的权威性。在畲民人生的重大仪式中，母舅的权威远高于叔伯。

在历史文化传承和社会生产发展的影响下，两性走向了不同的文化方向。从女性的角度来说，性别文化中对于女性形象的塑造，对于性别差异的认知，及其在宗教、社会生活等方面的映射，最终构成了庞大的女性文化生态体系。

而畲族的整体社会文化生态在性别方面对于女性是包容的、尊重的，从某种意义上来说，畲族的两性性别界限并没有那么明显，女性不一定单纯只能相夫教子，也可以通过劳作、手艺活、经商等方式来对家庭做出贡献。甚至从婚丧礼俗、日常习俗中我们还可以看出，畲族女性权威在家族中的体现。

畲族独特的女性文化生态与男性文化并非呈现出一种对抗的形式，而是以一种适应畲族生态的形式和谐共存着。当然，就如许多少数民族长期以来经历汉化一样，畲族随着历史的发展也开始不断地与汉文化接触并交

---

[1] 详见(明)邝露：《赤雅》卷1，载《啸园丛书》第6册。

融。经历了许多次的迁徙，畲族逐步定居，改变原本游耕的生产生活方式，和汉族有了更多的接触。而在这过程中畲族女性的地位悄悄地发生了变化。

尽管受汉文化的影响日益增强，畲族女性的地位有所变化，但可以发现，与当地的汉族女性相比，畲族女性的社会地位并没有显著降低。这既与包括畲族女性在内的少数民族女性有史以来在本民族地位较高有关，同样与少数民族女性接受学校教育后的知识和素养提升，以及对男女地位平等的认知密切相关。

第三章　畲族女性学校教育的历史与现状

关于中国的教育问题，陶行知先生认为，“大半是女性教育问题”[1]，这也意味着中国教育事业的发展与进步，至关重要且难度较大的环节是女性教育，对于少数民族女性教育来说，更是难上加难。中国有大量的少数民族学龄人口，教育领域一个非常重要的研究课题，就是研究在最近一轮的教育扩展进程中，对少数民族在多大程度上可以平等地享有新的教育机会展开评估，也即是对教育公平这一指标展开研究，它是衡量民族平等的重要指标之一。而且在少数民族社会内部，男女之间的教育公平也是重要的评定标准。

近年来，我国不断加大对少数民族教育的扶持力度，不断推出优惠政策，少数民族教育整体状况在持续改善。以《景宁畲族自治县2020年第七次全国人口普查主要数据公报》为例，与2010年第六次全国人口普查相比，文盲人口减少6485人，文盲率由9.69%下降为3.51%，降了6.18个百分点。但是由于受历史因素、经济水平、教育资源等原因的桎梏，畲族女性学校教育在一定程度上呈现出与现代化进

[1] 杨国才、文华、钱丽梅：《迪庆藏区女性的教育和发展》，载《民族教育研究》2001年第2期。

程不匹配、不协调的情况。因此,深入研究影响东南地区畲族女性学校教育现状的因素,并提出建议和对策,对提升畲族女性学校教育水平有着深远的现实意义。

第一节　畲族女性学校教育的历史

女性学校教育是指根据一定的社会需求和女性发展要求,在固定的场所,按照合理的管理制度、培养目标和教学内容,由专门的教师对学生开展的有组织、有规模、有计划、有目的的教育活动。

就古代畲族女性教育而言,在畲族相关历史文献中,较少提及此部分内容。或者更为确切地说,清朝之前的畲族女性教育无从考稽。黄新宪指出,早期的畲族社会没能创办独立的学校,主要利用口耳相传的方式对子女进行启蒙教育和思想教化,这种教育方式的长期流行与其居住在山区的地理环境有关,也与封建统治者推行的民族压迫政策相关〔1〕。当时南宋政府为了削弱畲民的反抗精神,出于教化和维护统治的需要,出资在被平定的畲民聚集区开办学校,加强教化〔2〕。据史料记载,“淳熙八年(1181 年)四月癸酉,立郴州宜章、桂阳军临武县学,以教养峒民子弟”〔3〕。这大抵可被视为是畲民教育在史料中有所记载的开端。

明朝年间,赣闽粤边的畲民起义此起彼伏,朝廷任命王守仁为南赣巡抚,将当时最大的一起畲民起义镇压下去。之后,王守仁采取了一系列安抚政策,其中就包括教育。王守仁兴办“社学”“颁行社学教条”。他说建立社学的目的和功用在于:“民风不善,由于教化未明。今幸盗贼稍平,民困渐息,一应移风易俗之事,虽未能尽举,姑且就其浅近易行者,开导训诲。即行告谕,发南、赣所属各县父老子弟,互相劝勉,兴立社学,延师教子,歌诗习

---

〔1〕　黄新宪:《清代和民国时期畲族教育变迁史略》,载《教育评论》1998 年第 3 期。
〔2〕　兰俏梅:《建国前畲族教育的历史回顾》,载《丽水学院学报》2009 年第 6 期。
〔3〕　《宋史》卷三五。

礼。”[1]畲族学校教育在明朝取得了一定的成绩。一些畲民通过学校教育，参加科举考试并取得功名。

到了清代，入学受教育的畲民越来越多，不少畲族学生还走上了仕途，如蓝鼎元、雷鋐等。从畲族整体教育的历史脉络来看，畲族女性学校教育有重要的三个节点。

一、私塾的推广推动女性教育开始

畲族有语言，却无文字。他们的教育完全采用汉族的文字与经典。清末地方族谱中对畲族私塾教育的开展略有记载：“畲民……实无教育可言！”[2]只有那些少数同汉人接触频繁的人，在冬天农闲间隙时间，在家里教孩童些许知识，所谓教育，仅此而已。这一时期的畲民思想仍未开放，生产力相对落后，愿意送孩子进私塾读书的不多。例如，泉州德化县大溪村畲民中只有3人读完《三字经》，其他畲民中识字者更是少之又少。

论及畲族系统的学校教育应始于清末民初，定居后的畲民逐渐意识到了文化教育的重要性。为了参加科举，适应汉人社会，畲族封建家族组织利用有限的经济资源，进行智力投资。东南畲族地区开始陆续创办私塾，教育民众。私塾，也称蒙馆、启蒙馆，是我国古代社会一种附设于家族、宗族或乡村内部的民间传统教育机构。私塾教育在畲族地区比较早出现，在清代得到进一步发展。据畲族村史记载，在清朝宣统年间，“有惠安坝头后厝人称谓庞先，在钟厝下八家房三落大厝内设教”[3]。

畲民家族主要在两个方面推进私塾建设。在经济方面，畲民家族设置族田，甚至部分家族直接设置学田，资助族人子弟应试。在文化，有能力的畲民家族建立家塾，鼓励族人读书取仕，为族人走上仕途之路奠定文化基础。私塾教育的开展，大大提升了畲族群众的文化素质，读书习字已进入畲民的日常生活，成为不可或缺的一部分。甚至在部分畲族地区，人们开始意

---

〔1〕 详见高铭群：《王阳明》，载 http://www.sslib.cn。

〔2〕 沈作乾：《畲民调查记》，载《东方杂志》1924年第21期。

〔3〕 钟厝鸾峰畲族村村史编辑组：《惠安山腰钟厝鸾峰畲族村村史》，内部资料1991年版，第6－17页。

识到教育之于人的发展的重要性,部分家庭在分家产时甚至专门抽出一部分给已生有长孙的儿子,名曰“长孙田”,意思是给长孙念书之用,由此可见畲族崇文重教之一斑。

这一时期,由于受性别观念的影响,畲族女性很少作为独立的个体到私塾中学习。仅有极少部分的畲族女性陪同家中的幼弟,在私塾度过短期的陪读学习生活。但是,私塾教育的推广让更多的畲民意识到了教育的可贵和重要性,对于后期开展女性学校教育有一定的促进作用。

二、近代官方女性教育发展促进畲族女性教育兴盛

女性的解放是反映一个社会文明的天然尺度。“女子无才便是德”这样的主张,使女子的才华被蒙尘,这些封建传统思想,使中国女性一直饱受束缚和压制,长期以来无知无识,处于蒙昧状态,一直到近代,这一现象才有所改观。近代成为中国历史上女性地位一个重要转折期。其中非常明显的标志和起着关键性作用的就是不缠足运动。不缠足运动把不缠足作为强国的重要前提,将女性缠足问题上升到影响民族强弱与存亡的高度,一定程度上促进了女性解放。

在女性解放的萌芽初期,女子学校教育应运而生,而在教育的进一步推动下,女性解放得以更好地发展。妇女接受学校教育不仅可以解放妇女的身体,而且可以促进妇女的精神解放。1907 年,中国近代最早的国定女子小学堂章程《女子小学堂章程》颁布,同年,中国近代最早的国定女子师范学堂章程《女子师范学堂章程》也制定颁布,这两个章程,打破了男子独霸教育的局面。女子学校终于出现在教育历史的舞台,越来越受世人关注。中国近代女子学校教育的兴起和发展,推动了中国社会文明化的进程。

19 世纪末期,中国人创办了第一所近代女子学校——“经正女学”,在这以后也陆续出现了一些民办的女学。光绪三十三年(公元 1907 年),清政府允许设立官办女学。来自清政府学部总务司编撰的《第一次教育统计表》显示,1907 年,全国共有女学堂数为 428 所,女学生数为 15,498 人,当时全国除吉林、新疆、甘肃三省以外的绝大多数省份设立了女学堂。但是我们应

该注意的是,尽管当时兴办女学得到了官方的许可,男女学生数量之间的差距还是很大的。1906 年,女学生数量仅占学生总数的万分之七左右;1907 年男学堂约有 34,000 余所,女学堂仅有 428 所;1909 年男女小学堂的比例为 171∶1,男女小学生的比例为 150∶1[1]。显然,男女教育存在极严重的不平等。

即便如此,不可否认的是,中国近代女子学校教育的兴起,促进了女性的解放,同时也造就了中国社会女性学生团体的出现。

此时,畲族地区也出现了专门为畲族女性开办的女子学校,如福建泉州地区(见表 3 – 1)。

表 3 – 1　泉州部分畲族学校花名册(1901—1927 年)[2]

县域	学校名称	地点	办学时间	创立人
惠安县	普化小学(最初是义学,1914 年命名为普化。1952 年,和锦山小学合并,1958 年,改名为山腰中心小学)	山腰乡	1901 年	英国基督教伦敦公会腰堂会
	惠安县私立鸢山小学(最初为中厝私塾馆)	钟厝村	1923 年	—
南安县	金鳌两等学堂	码头	1906 年	华侨林杞旧
	诗鳌学堂(又名鳌峰学堂,后与诗坂合并)	码头诗南	1908 年	华侨吴记藿
	怀德女校	码头	1908 年	基督教码头堂会
	诗坂学堂	码头诗南	1908 年	华侨吴记藿
	国民坑内初小	码头坑内	1911 年	畲族民众
	丰城小学(完全小学,生源涵盖附近几个村)	码头丰美	1927 年	—

这些学校为畲族女性提供了受正规教育的机会。

通过对女性义务教育发展纵向历史考察,不难发现,女性义务教育在三

[1] 何黎萍:《民国前期的女权运动》,中国社会科学院 1996 年硕士学位论文。
[2] 《泉州市教育志》,福建教育出版社 1996 年版,第 144 页。

个方面的进步十分显著。

一是在数量上,女子学生激增。1907 年,也就是女学章程颁布的第一年,全国学生总数 468,220 人,其中女学生数只有 306 人,占比 0.07%。到 1912—1913 年,全国学生总数为 2,933,387 人,其中女学生数 141,130 人,女生占比 4.81%。比 1910—1911 年增长了 11.6 倍。民国以来女学生占比一直保持在 4% 以上,而到了 1921—1922 年,全国有学生总数 4,987,647 人,其中女生 417,820 人,女生占比突增为 8.37%,比民国初年增长了 2 倍多〔1〕。

二是在教育制度上,告别了女子教育囿于家庭教育的禁锢历史。1904 年的《癸卯学制》是中国实施的第一个学制,其对女子教育的态度是"中国此时情形,若设女学,其间流弊甚多,断不相宜",仅以"家庭教育包括女学"而定。到了 1907 年颁布的《奏定女子小学堂章程》中,承认女子有部分的受教育权。一直到 1912 年辛亥革命后颁布的《普通教育暂行办法》,女子才明确享有同男子一样的受教育权利,男女可以在初等小学同校。随后在 1922 年颁布的《学校系统改革草案》(壬戌学制),则进一步确认了不分性别的教育制度。至此,中国的女子教育完成了从家庭教育到学校教育的历史转变。

三是在教育目标上,初步实现了从女人到人的本质转变。在中国女子学校萌芽之际,第一所自办女学的办学宗旨是:"以彝伦为本,所以启其智慧,养其德性,健其身体,以造就其将来为贤母为贤妇之始基。"〔2〕可见,此时女子教育的目标依然是以封建思想为根基,其实质是对女性作为女人的自然性的强化。而到了辛亥革命时期,受资产阶级革命派的影响,这种贤妻良母教育思想受到鞭挞,此时女子教育的宗旨在于养成比贤妻良母更广大、更重要的"社会的人"。此时,经历新文化运动的洗礼,女子教育的目的开始转向使女性认识到自己作为人的存在,即恢复独立自主的人格。

---

〔1〕 中国第二历史档案馆:《中华民国史档案资料汇编》(第 3 辑),江苏古籍出版社 1991 年版,第 928-929 页。

〔2〕 中华全国妇女联合会妇女运动史研究室:《中国妇女运动历史资料(1840—1918)》,中国妇女出版社 1991 年版,第 112 页。

三、东南沿海教会学校发展助推当地畲族女性教育启蒙

东南沿海地区的女性学校教育和教会学校的发展是分不开的。尤其是福建地区，教会学校对福建女性的启蒙教育意义重大。教会学校的兴起，也为以福建为代表的东南地区畲族女性提供了接受教育的机会。

1844 年，英国伦敦公会教士券为霖夫妇在厦门住宅开设女学，单独为女生办学，开启了福建女性学习科学知识的大门。以“慈善”的名义，教士们广泛收养穷人女孩，免除了学费，并提供了伙食，住宿和路费。此外，教会学校经常去偏远地区和贫困地区招收学生，更是吸引了很多学龄女性前来学习。基督教各公会在福建开办的学校共近 1000 所，其中有 1864 年英国安立甘教会创办的，位于福州下渡的陶淑女中（“旧电线书斋”）。

1870 年，美国归正会在厦门开办女子小学，招生人数逐年增加，到 1899 年，招收女生共计 76 人。福建漳州、同安等地，也有归正会开办的女子学校，一同开办的还有成人女校以及妇女扫盲班。1884 年，“夏洛特妇女圣经学校”在归正会资助下成立，这是一所成人妇女学校，到 1901 年，“夏洛特妇女圣经学校”累计培训了 700 多名女性学生。

1890 年，泉州培元女子学校从中吸收了二三十名晋江、南安等地的教徒家庭女子入学，至 1911 年增至 80 人。此外，他们还在连江、罗源、等地也招收贫苦人家的女孩入学。即使是在偏远的闽西、闽北也有女子教会学校，如邵武乐德女子中学、长汀亚盛顿女子学校、建瓯培英女子小学等。

1905 年 5 月，中华基督教教育会决定在福州设立女子大学，即华南女子文理学院的前身。1914 年，一所新校园在闽江南台岛落成，并开设了为期两年的大学课程，这使它成为近代以来中国长江以南的第一所女子大学。1922 年的统计资料显示，福建省共有 533 所教会所办学校，其中 180 所是女子学校。无论数量、规模或分布，这在封建时代都是无法想象的。

1901 年起，畲族开始兴办正规的学校，而 1908 年，在基督教盛行的泉州就出现了女子学校。由此可见，在发达地区，畲族的女性教育开始得还是较靠前的，且其中教会学校对其影响颇大，教会学校的发展直接推动了畲族女

性学校教育的发展,对女性思想行为的启蒙有着不可否认的作用。

民国时期,闽东个别畲族村落同样接触到带有强烈宗教色彩的西方文明。1930 年,3 名英国传教士在霞浦县草岗畲族村(今茶岗村)创办了“圣义小学”,除了男童外也招收畲族女童。

闽东地区是畲族集中聚居的区域。自 20 世纪 30 年代起,霞浦县“全县开始施行‘国民教育’,偶有畲族学生就近到乡镇中心国民学校或保送国民学校就读。至 40 年代末,全县畲族中进过小学的约有 80 人(无女生),其中读完高小的只有 7 人”[1]。学生入学率不高,结业率就更低。与此同时,教育资源缺乏,受教育的成本也相对较高。塾师的费用都由学生家长承担,对于一般畲族家庭来说,这是一笔不菲的费用,所以能上得起的也只是少数家境较富裕的畲民子弟,一般情况下女孩是不准入学的。

所以从事实上来看,受到政治、经济等因素的影响,即使私塾和私立学校转换为公立学校,对于畲族女性学校教育事业的推进也并不显著。畲族女性学校教育的另一个发展高潮在中华人民共和国成立后,大背景在于政府对教育事业的重视程度越来越高。

四、中华人民共和国成立后的教育事业促使畲族女性教育迅速发展

中华人民共和国成立后,畲族人民得到解放,获得人身自由、人格尊严,取得平等权利。他们参加农会、民兵、妇女会,入党、入团、参军、当代表、当干部,剿匪反霸,实行土地改革,有史以来第一次成为主宰自己命运的主人。同时随着民族工作的开展,党和政府大规模展开了对畲族社会的调查研究。1953 年和 1955 年,国家民族事务委员会先后派出调查小组,深入福建、浙江、广东等畲族地区进行民族识别等调查研究,写出了数十篇的调查报告,对畲族地区的实际情况有了详细的了解。1956 年,国务院公布确认畲族是一个具有自己特点的单一少数民族,并确定“畲族”这一民族名称,畲族正式成为中华民族大家族中的平等一员。在此基础上,国家制定了合理的民族

[1] 霞浦县民族事务委员会《霞浦畲族志》编写组:《霞浦县畲族志》,福建人民出版社 1993 年版,第 408 页。

教育政策,相继在一些畲族聚居地设立畲族自治乡镇,给予政策上的优惠照顾,坚持以经济建设为中心,铲除因经济文化上的差距而造成的事实上的不平等,实现畲汉两族的共同繁荣。党的民族平等政策,促进了畲区社会经济的全面发展,为畲族教育发展奠定了扎实基础。由于国家开始实施民族平等政策,畲族聚居区逐渐兴办起正规的学校,正规学校教育由此拉开序幕。

福建、广东、浙江等地逐渐兴办起民族小学,这些地区的教育部门选派中等师范学校优秀毕业生到校任教,畲族子女免收学杂费。对于特别困难的家庭,政府还会给予相应的补助,在很大程度上提高了畲族地区青少年文化水平,降低了文盲率。

中华人民共和国成立后,畲族社区进入了新的历史发展时期。各地根据民族政策,大力扶持畲族经济的发展,并对畲族教育采取了许多优惠政策。如在党和政府大力扶持下,畲族聚居地区相继创办了不少的托儿所或幼儿园,进行汉语教学和学前教育。从幼儿开始抓教育,从而拉动畲族整体教育水平的提高。

(一)福建畲族女性学校教育

福建省在1953—1957年,共拨付85.17万元,用于补助全省少数民族学校,主要用途是新建和维修校舍。同时,分配了一些中等师范毕业生到民族小学任教,并选派了民族小学教师,让他们到县教师文化进修班学习和深造。上公立小学的畲族儿童一律免除学费和杂费。在泉州各地,大家纷纷将畲村的私塾和私立学校改造转变为公立学校,或者在条件允许的情况下,在畲村建立新的公立学校。例如,1952年,在龙塔卓立崎创办的第一所少数民族小学,就是由德化县人民政府拨款1000元建立的。与此同时,政府在各个少数民族居住区办民校,民校以夜读为主,主要任务是在青壮年人中开展扫盲。后来,德化县人民政府又于1961年拨款1200元,扩建土木结构教室4间,教师宿舍3间,学校更名为龙塔学校。大规模的学校办学虽然不能在短期内完全改变畲族社区教育的低水平状况,但在一定程度上提高了畲族儿童和青少年的文化素养,有助于降低其文盲率,为畲族跟上社会变迁的步伐提供了必要条件。

“文化大革命”期间,全国各地的教育领导机构被迫撤销,陷入瘫痪,大部分畲村的学校教育受到了“重创”。学校的正常教学秩序被破坏,许多学校被迫关闭,教育行政领导机构无法开展正常工作,教师大批下放农村插队劳动,“接受贫下中农再教育”,学生减少,教育质量明显下降,整个教育系统陷入困顿之中。不过,在此期间,“读初小不出村,读高小不出队”,是当时部分畲族社区采用的政策,各畲村里办了一些民办小学。由于办学条件和基础较差,教师教学水平也不高,学生成绩巩固率还有学生毕业率低,所以只能对一些小学采取巡回教学形式[1]。

党的十一届三中全会以后,随着社会经济的发展,国家政策的变化,畲族学校教育迎来了一个新的发展高潮。1977 年《关于一九七七年高等学校招生工作的意见》的实施,恢复了高考制度。全国畲族教育也渐渐步入正轨。以幼儿教育为例:如浙江丽水市畲村从 1958 年的 1 所幼儿园,12 名学童,发展到 1988 年的 6 所幼儿园,在园畲族幼儿 200 人。短短的二三十年,学员有了数十倍的增长。

除独立创办幼儿园外,畲族经常在村小、完小附设幼儿班。闽西庐丰畲族乡 14 个行政村都设有小学,附设了 21 个幼儿班,幼儿数 554 个[2]。幼儿三四岁入托儿所,五六岁进幼儿班,七八岁上小学读书,女生入学率也大幅增加,这些都极大的启蒙了智力,为日后的中小学教育打下了良好的基础。根据 1988 年的统计显示,少数民族学龄儿童的入学率就达到了 99%,普及率和毕业率已达到了省颁要求。自此之后,少数民族学龄儿童入学率与汉族学龄儿童入学率并无显著差异。

综上所述,在党的十一届三中全会特别是改革开放之后,畲族的教育事业走上正常的轨道,而女性教育也开始稳步建设。

畲族地区少数民族教育事业逐渐进入稳定发展阶段,是在 20 世纪 90

---

[1] 雷宝燕:《泉州畲族教育发展研究》,载《湖北民族学院学报(哲学社会科学版)》2011 年第 2 期。

[2] 黄集良:《上杭县畲族志》,厦门大学出版社 1994 年版,第 60 页。

年代后。以当时的福建省为例,少数民族预科班在福州大学、福建师范大学和福建商业专科学校相继开办,高等教育对畲民打开了方便之门。女性教育虽然在初等教育层面与男性差距不大,但是我们可以看到其他各阶段如中等及高等教育情况,女性学校教育仍呈现出较弱的态势。因此,即便畲族女性学校教育较之前已有较大改善,但由于诸多原因的影响,如经济情况、家长重视程度等,畲族女性在受教育程度和教育水平上仍受到相应的限制,这表现在女性受教育程度仍低于男性。

我们再以宁德市民族中学为例,展现中华人民共和国成立以来少数民族,特别是畲族的学校教育情况。该校位于我国畲族人口聚居最为集中的福安市,是首批七所“全国民族中学示范校”之一,是福建省第一所民族中学,福建省一级达标学校,也是福建省创办最早、唯一以畲族学生为主的少数民族重点高中。该校被誉为“民族之花、教育之花、文明之花”,是畲族人民心中的“金凤凰”。

该校创办于1958年春季,当时被称为“福建省福安市民族中学”,隶属福安县文教局管理。学生以畲族为主体,面向福安专区的福安(含柘荣)、宁德、霞浦、福鼎、寿宁、周宁、长乐、连江、罗源9县招生。1958年初办时它只是一所初级中学,招收2个班97名学生,其中少数民族78人,共有11名教师,其中专任教师9人。1971年2月,该校发展为完全中学,有18个班948名学生,其中少数民族222人;共有67名教师,其中专任教师51人。到2007年,该校扩大到45个班,其中初中12班、高中33班;在校生2362名,其中初中634人、高中1728人,少数民族生1371人;教师队伍扩大到182人,其中专任教师156人,少数民族教师13人;教师中高级职称65人,中级职称46人。而至2018年,该校经过60年的发展,共有66个教学班,其中初中32个班、高中34个班;学生3323人,少数民族生比例占50%左右,主要来自全市9个县、市、区。该校现有教职工242人,其中专任教师215人、研究生学历30人,正高级职称1人,高级职称64人,中级职称66人。

纵观学校的发展历程,可以分为以下五个阶段:

第一阶段初创期(1958—1965年)。

宁德市民族中学创办之初正是“大跃进”时期，学校以政治挂帅，统领一切工作，因此突出政治与劳动，正常的教学退居其次，甚至无足轻重。根据上级的部署，全校师生都参加了“大炼钢铁”运动。1959 年以后，学校贯彻“政治挂帅，发动群众，精雕细刻，循序渐进”的原则，加强了教育管理。

1960 年中国进入“三年国民经济困难时期”。民族中学的学生大部分来自农村，许多学生无法坚持学习，辍学与流失现象严重。学校贯彻上级“劳逸结合”精神，响应党中央的号召，“大办农业，大办粮食”，在校园内和周边山地开荒，种薯、种瓜、种豆，种蔬菜、饲养家禽家畜，勤工俭学，共渡难关。

在特殊年代，不正常的教学状况并无改善，但幸运的是畲族毕业生受到关爱，不少人继续得以深造。据统计，1961—1965 年，民族中学共有 5 届初中毕业生，共 302 人，其中有 45 名畲族毕业生被保送至相关民族学院预科班深造。

第二阶段动荡期(1966—1978 年)。

1966 年 5 月至 1968 年年初，学校“停课闹革命”，破“四旧”、批教师、“大串联”、打“派仗”，正常的教学秩序完全被破坏。1968 年 2 月，学校开始了“复课闹革命”，学校按军事化的连排建制。这种情况一直延续到 1971 年以后才结束。1968 年 12 月，福安专区民族中学革命委员会成立，“文化大革命”初期留校参加运动的“三届生”共 288 人先后毕业留校。这些毕业生中属农业户口的全部回乡参加生产劳动，非农户口的绝大部分响应号召，上山下乡插队劳动。

1970 年，学校进行课程改革，取消物理、化学、生物等传统课程，改设工基(工业基础)、劳基(劳动基础)、劳动等课程；政治学生“学工、学农、学军”，“批判资产阶级”。在“政治第一”的思想指导下，学生在校劳动过多，政治活动过多，虽然开设了文化课，但取消了考试制度，教学质量未达到应有的重视。

1971 年，学校发展为完全中学。1972 年实行“开门办学”，“现场教学”。当年民族中学办起了校办工厂——“民中电器厂”，以后改名为“福建省民中电工仪器厂”。1975年又办起了校办农场——“白塔农场”，作为“学工”“学农”的教学基地和勤工俭学的经济实体。1991年，民中电工仪器厂被国家教委和省教委确定为全国、全省首批教学仪器设备生产定点厂。

1973年以后，学校开始实行统考招生入学，此后民族中学每一年均划定录取分数线，招收初高中生；对少数民族考生实行降分录取，这一做法延续至今。1976年以前的初中毕业生除一部分升入高中继续学业外，余下的和高中毕业生一样，农业户的基本回乡参加生产，非农业户的绝大部分响应号召，上山下乡插队劳动；小部分毕业生到工矿企业当工人或者参军入伍。

1977年11月高考制度恢复。为提高教学质量，学校工作恢复以教学为中心，加强了教学管理。党的十一届三中全会之后，尤其是1978年年底开始，宁德地区民族中学的各项工作开始步入正轨。

1971—1978年，宁德地区民族中学共有8届初中生2285人毕业，其中少数民族生816人；1973—1978年，共有6届高中生1549人毕业，其中少数民族生656人；1977年和1978年共有104名高中毕业生从学校直接考入高等院校深造，其中少数民族生23人。

第三阶段恢复期（1979—1988年）。

1979年3月，宁德地区民族中学恢复了校长负责制，全面加强学校的教学管理。这一年，学校逐步建立，并健全了一套基本的规章制度，以保证学校正常的教学秩序，提高教学质量。根据上级的有关精神，开始逐步落实党的干部政策和知识分子政策，为在历次政治运动中受到迫害的教职工平反，恢复名誉与待遇，补还被扣发、减发的工资，这项工作到1986年基本结束。

在德、智、体方面，尤其强调体育锻炼。1979年学校开始执行《中小学体育工作暂行规定》，1982年以后开始实施《国家体育锻炼标准》。这一时期民族中学的体育工作成绩斐然。

1980年后，民族中学初中扩大招生规模，生源重点向福安县倾斜；高中仍然面向全区招生。1983年秋季起，福建省人民政府每年专项拨给宁德地区民族中学学生助学金6万元，使少数民族学生助学金标准提高到每月20元；同时每年补贴少数民族学生粮食20万斤，基本上解决了少数民族学生的后顾之忧。正是这些政策的有力实施，少数民族在校生人数和比例逐年上升。到1984年，少数民族在校生比例超过在校生总数的50%。学校加强民族教育工作，采取了许多具体措施使少数民族学生“进的来，留得下，学得好，用(考)得上。”

恢复高考制度后，非农业户的初高中毕业生不再上山下乡，农业户学生也不再只是回乡当农民；多数初中毕业生选择了报考中专、高中，继续升学；高中毕业生升学比例逐年提高。1979年至1988年初中毕业生有2026人，其中，少数民族毕业生974人；高中毕业生1732人，其中，少数民族毕业生716人；高考录取761人，其中少数民族228人。

第四阶段发展期(1989—1998年)。

1990年后，学校强化了德育工作，建立起6个校外德育基地，并长期坚持活动。1992年暑假，宁德地区民族中学举办了以闽东革命传统教育为主题的德育夏令营，即福建省德育夏令营第11营。

1993年，宁德地区民族中学根据《福建省普通中学教学常规管理工作条例》，加强教学常规管理。这一年12月，学校通过了上级的验收，被确定为福建省二级达标学校，成为当时宁德地区10所二级达标中学之一。1995年宁德地区民族中学被福建省教委评为“福建省普通中学教学常规先进集体”。

1994—1998年，民族中学认真做好应试教育向素质教育的转轨工作。在教学工作中，以课堂教学为主渠道，发展个性，丰富教育教学成果。积极开展群众性的体育活动，连续4次被福建省体委评为“国家体育锻炼先进单位”；同时还开展了富有民族特色的毽球、畲族拳活动。

1989—1998年这十年间，民族中学有初中毕业生2929人，其中，少数民族毕业生1625人；高中毕业生1670人，其中，少数民族毕业生702人；高考上录取线654人，其中少数民族生201人。

第五阶段改革期(1999年至今)。

1999年，学校调整招生结构，扩大在校民族学生的比例：初中全部招收少数民族生，面向全区招收，其中福安市占50%；高中招生，汉族和少数民族学生各占一半，其中汉族学生只向福安市招收，少数民族学生依然面向全区招收。正是因为畲汉学生和谐共处，学校被省政府评为“民族团结进步模范集体”。

2000 年后，宁德地区民族中学与当地驻军武警部队开展“共建文明单位”活动，组织学生参加校外德育基地活动，完成了校园网络建设。2001 年学校被全国少数民族教育协会评为首批 8 所民族示范学校之一。2002 年，宁德市民族中学在初一年级全面进行课程改革试验，取得成绩，获宁德市“实施素质教育工作先进单位”和“基础教育课程改革先进集体”称号。同年，宁德市民族中学被评为全国中小学民族团结教育先进集体。2005 年，宁德市民族中学根据上级关于课程改革的精神和学校特点，在高中部开设校本课程《畲族文化简说》。这一时期民族中学的民族体育工作有了新的发展，被国家体育总局授予“全国群众体育先进单位”称号。2007 年，学校被评为全国各族青年团结进步先进集体。

1999 年至 2008 年，民族中学有初中毕业生 2497 人，其中，少数民族毕业生 1865 人；高中毕业生 3639 人，其中，少数民族毕业生 1575 人；高考上录取线 3208 人，其中少数民族学生 1182 人。可以发现，历经 60 年风雨兼程的发展，宁德市民族中学始终把建设富有民族特色的校园文化放在首要位置，重视学校的民族特色，重视民族优秀文化的传承与弘扬，自觉地承担起向新一代传播民族优秀传统文化的历史责任。在宁德市民族中学的发展历程中，我们同样可以感受到畲族女性教育的成长。虽然没有具体的这 60 年间宁德市民族中学的畲族女性学生的相关数据，但毫无疑问的是，畲族女性肯定涵盖其中，并且占比不低。

（二）浙江畲族女性学校教育

浙江省也曾经办过少数民族师范学校，即浙江省少数民族师范学校。1952 年 6 月 23 日，浙江省文教厅指令创办浙江云和初级师范学校短训班，具体指明了招收学生的对象、条件、办法、名额及分配方案。明确规定招生“对象专收少数民族（苗族）[1]子女，其他对象一律不收”。条件是招收高

〔1〕 因为当时畲族还没有正式定名，当地人都称畲族为苗族。

小毕业或相当高小毕业的文化程度，年龄13岁至20岁。招生办法是考试与保送相结合，有关县负责动员保送。名额分配如下：丽水20名、龙泉20名、景宁25名、庆元10名、云和25名，共计100名。云和县政府收到文件后即着手进行筹办事宜，并拟发文件落实招生事宜。鉴于办学经费并不充裕，为了减少成本与尽快开学招生，云和县决定将云和镇南郊黄水碓瓦窑在抗战时期使用的建国中学作为校舍，并修缮原有的破旧泥木结构平房以及其他教学设施。当时校名为浙江云和初级师范学校短训班，学制一年，于1952年10月2日正式招生开学。学生的伙食费全部由国家承担，每月还发放一部分零用钱。当时，学校招生对象虽然全是少数民族子女，但是学校性质还未明确属于少数民族类院校。到1953年2月，省教育厅发文由原短训班转办初级师范学校，学制三年。到"畲族"正式成为民族称呼后，1956年8月，正式定校名为"浙江省立少数民族初级师范学校"，并扩展到全省招生。1959年，由于学校由初级师范转办普通师范，校名又更改为"浙江省少数民族师范学校"（以下简称浙少师）。学校开办时共有100名畲族学生，其中女学生4人，100名畲族学生来自龙泉、云和、景宁与丽水4个县，以景宁学生为多数。浙少师的体育运动开展得较好，女子篮球队曾赛赢全丽水县的所有学校。1958年，学校管理体制下放到丽水县，随丽水县政府搬迁至云和镇办学，并按县的教育发展计划：浙少师从1958年起逐年增加普通师范专业，4年后全部改为普通师范专业。当时学校共有6个班，其中普通师范专业2个班、初级师范专业4个班，有畲、回、满、蒙、汉5个民族成分学生304人；教职工22人。

1960年9月，景宁县并入丽水县，学校又迁到景宁县鹤溪镇，当时共有10个班级，包括景宁初师并入的一个班，学生500人左右；教职工30人。此时，正遇上国家困难时期，师生的生活、健康和教学都受到影响。经访谈数位时任教师与学生得知，他们是一半时间上课、一半时间劳动，依靠上山砍柴，向附近农村借地种菜，自力更生才得以巧渡难关。1963年国家经济好转，浙江省教育厅和温州公署会同有关县商定，学校又从景宁县搬迁到丽水县三岩寺，与丽水师范学校合并，实行"对外两块牌子、两颗印章，对内一套班子,全省招生,单独设班”。浙少师单独招生,保持 4 个班,200 人规模。1966 年至 1976 年“文化大革命”期间,党的民族政策受到干扰,校园大部分被丽水地区机床厂占用,停止招生达 6 年之久。

1970 年 1 月,学校奉命迁到松阳县西屏镇,与浙江师范学院部分教师合办丽水地区师范专科学校,承担丽水地区在职的中、小学教师的培训任务。1972 年 5 月,学校又迁回丽水县三岩寺原校址,恢复校名,并于 8 月恢复招生。丽水师范专科学校招收专科学生,进行文理分科;浙少师仍部分招收普通师范专业学生。

1979 年 4 月,浙江省革命委员会发布《关于同意浙江少数民族师范学校与丽水师范专科学校分开办学批复》(浙革发〔1979〕84 号),浙少师另起炉灶。国家民委拨付 25 万元作为启动资金,开始动工兴建校舍。在国家民委、省地(市)有关部门的关心支持下,于 1981 年 8 月在丽水县城西郊通山脚初步建成新校舍,并搬入新校园办学。学校总体规划规模为 12 个班。当时教职工有 40 人,共有 6 个班,在校学生均为少数民族学生,共有 268 人。

经过多年的苦心经营,到 1992 年校园占地面积 60 多亩,建筑面积10,300多平方米,已建成教学楼、实验楼、教研办公楼、琴房音乐室、餐厅兼食堂、教工宿舍、男女学生寝室等教学、生活用房,教学、生活设施初具规模;修建了 8000 多平方米的运动场,包括篮球场、排球场、田径场等场地;各类图书达 5 万册。此时全校共有 10 个班,其中四年制普师 8 个班、三年制普师 2 个班。在校学生 402 人,分别来自丽水、温州、金华、衢州、杭州五个地(市)的 26 个县(市)。有畲、回、壮、满、汉 5 个民族成分,其中畲族学生占 90%。学校有正式教职工 71 人,其中少数民族教职工 31 人,占 43%;专任教师 31 人,其中大学本科毕业 25 人,占专任教师的 75%,高级讲师 5 人,讲师 14 人。

1998 年,学校占地面积扩大到 103 亩,建筑面积增加到 19,600 平方米,运动场扩大到 15,000 平方米。教学设备设施配套相对较为先进,配有微格教学系统、计算机房、语言实验室等现代化教学设备。全校 22 个班,设普师、音乐、美术、文秘 4 个专业,在校学生 1045 人,有畲、回、苗、蒙、汉 5 个民族，其中畲族学生占33%。他们来自丽水、温州、金华、衢州、杭州、嘉兴6市，遍涉30多个县（市）。全校正式教职工94人，专任教师58人，专任教师中大学本科毕业以上学历的49人，占专任教师的84%，高级讲师14人，讲师26人。

2000年，浙江省人民政府发文，将浙少师并入丽水学院办学，2001年7月正式并入丽水学院，并设立丽水学院的二级学院——教育学院[1]。据统计，在浙少师近50年的办学历程中，共培养中专层次的少数民族毕业生2850人，大专层次的少数民族毕业生88人，民族成分涉及畲、回、满、黎、蒙古、苗、壮、瑶8个少数民族。他们教坛上忘我耕耘，硕果累累，不少人成为教育工作骨干、民族工作骨干，为当地少数民族教育事业的发展，为浙江省省民族团结做出了巨大的贡献。

作为当前全国唯一的畲族自治县，景宁县畲族学校教育也经历了自身的发展历程。民国时期，景宁县只有1所贯道书院、若干所村私塾和县立高等小学。1950年，景宁县建设有92所小学，1所初中，农村扫盲运动蔚然成风。1984年景宁设立畲族自治县后，制定了八年义务教育的实施规划和校舍改造规划，实行了“农科教”结合的三个计划，即星火计划、燎原计划、丰收计划。1986年，省财政拨款58万元建造了景宁畲族自治县民族中学，对畲族学生适当放宽录取条件。1988年，景宁畲族自治区通过了省“双教”验收；1996年，景宁畲族自治县通过“扫盲”评估验收；1997年，景宁畲族自治县又顺利通过“普九”评估验收。至此，景宁畲族自治县顺利完成了“两基”评估验收，也由此说明景宁县畲族女性学校教育步入正轨。

另外，在经济、教育水平较为落后的地区，畲族女性的教育则开展得比较艰难。比如，相较偏远的贵州，随着推行农村扫盲工作，畲族女子教育才受到重视。1988年，大部分六堡畲族村成年人从来没有机会接受文化教育，许多学龄女孩无法上学，还有一些女孩子，她们到17岁或18岁时仍旧没有入学机会。根据一份1988年的调研资料显示，该村89名适龄女童中有70

---

[1] 有关“浙江省少数民族师范学校”的历史资料，参见丽水市政协文史资料委员会编：《畲族文史·丽水文史资料第八辑》。

名失学。此外,少数女孩陪伴弟弟读书到一年级或二年级,就回家务工。1989 年,政府在该村创建六堡畲族女子小学,这是当时贵州全省唯一的少数民族女子学校,也是那时全国仅有的两所女子小学之一。除了国家指定的课程外,学校还将畲族民间文化引入校园。

即使在这一时期,从入学率、升学率的数据上显示,女性学校教育较理想状态还存在很大的差距,仍存在很大的问题。不过,六堡畲族女子小学以及其他的畲族女性学校的建立,人力、物力的投入侧面反映了相关机构开始重视女性学校教育事业,畲族女性学校教育的发展,整体呈现出一种向上的发展趋势。

第二节　畲族女性学校教育的现状

古代女性的教育目标是培养温顺、贤良、服从的贤妻良母。而在倡导两性平等教育的现代社会,女性学校的兴起和发展促进了女性身体和精神的解放,同时它也在不断改造和影响中国传统的伦理习俗,为女性的发展创造着更宽松的社会环境。在教育中,女性提高了参与社会生活的能力,以更好的精神面貌加入构建美好社会的队伍中。

一、基础教育的普及与优化

畲族女性学校基础教育的普及与优化是提升畲族女性素养的基石,也是促进她们自我发展的动力源泉。正如《国际人口与发展国际会议行动纲领》指出:教育是改善人的生存条件不可缺少的工具,因此它是十分重要的,尤其应重视妇女和女孩的教育。

(一)义务教育政策实施后,畲族男童女童的差距减小

我国《义务教育法》《未成年人保护法》明确规定中国国籍的适龄儿童、少年,不分民族、种族依法享有平等接受义务教育的权利。同时《妇女权益

保障法》对国家有义务保障妇女享有平等文化教育权利予以了确认，指出学校应当采取多方面措施保障女性青少年的身心健康发展，规定应保障妇女在升学、入学、毕业分配、授予学位、派出留学等方面享有与男子平等的权利。《教育法》对依法享有平等受教育权的公民进一步划分，并确认了有关行政部门和学校对女子在入学、升学、就业、授予学位、派出留学等多方面的平等权利有保障义务。

20世纪80年代后，国家和各级政府加强了对少数民族教育的扶持力度，采取多项扶持政策，大力推进少数民族义务教育发展进程，竭力扫除少数民族地区文盲。在义务教育的全面推广下，畲族女性的义务教育水平持续提高。

在民族地区，汉族和少数民族之间受教育年限的差距因教育的扩展而缩小。2000年，汉族的受教育年限比少数民族的受教育年限高了0.9年，而到了2010年，这一差距缩短为0.85年。分性别来看，2000年，汉族女性受教育年限比少数民族女性受教育年限高了0.94年，2010年，这一差距减少到0.86年。2000年，汉族男性的受教育年限比少数民族男性受教育年限高了0.84年，而2010年，这一差距减少到0.83年[1]。这表明，在降低民族地区各民族教育获得差异方面，教育扩展起到了至关重要的作用。随着国家扶持政策的广泛普及和深化实施，义务教育取得良好成效。2016年，全国共有义务教育阶段普通小学17.8万所、初中5.2万所，小学在校生9913万人，初中在校生4329.4万人。2018年12月28日，国务院召开新闻发布会，介绍教育脱贫攻坚工作进展，农村义务教育学生营养改善计划已经全部覆盖所有国家级贫困县，这项计划让农村学生的营养健康状况得到明显改善，累计有3700万名农村学生受益。2019年4月，教育部办公厅印发《禁止妨碍义务教育实施的若干规定》，以切实保障国家义务教育制度实施，纠正严重影响适龄儿童、少年成长发展的违法违规行为。

以畲族集聚区的闽浙赣地区为例。十一届三中全会以后，对于少数民

---

[1] 孟大虎、欧阳任飞、孙永强：《教育扩展对提升少数民族教育获得的影响研究——基于2000年和2010年全国人口普查数据的分析》，载《民族研究》2017年第3期。

族教育的发展与进步，福建省委、省政府高度重视。先后通过立法和多种扶持政策，福建省积极促进少数民族地区基本普及九年义务教育，推进基本扫除少数民族地区青壮年文盲。1986 年，福建省少数民族儿童以及学龄女童入学率首次超过 97%，突破了长期在 70% ~80% 徘徊的局面。到 1989 年，全省少数民族学龄儿童有 36,321 人，已入学 35,321 人，接近汉族地区水平[1]。

1978 年以来，福建省因地制宜创办了民族高级小学寄宿制学校，使过去无条件升高小的畲族学生得到学习机会，畲乡的普及教育得到了进一步发展。福安市在 1986 年就设立了民族实验小学、民族重点小学、寄宿制民族完全小学、中心小学附设民族高小班、初小教学点，巡回教学班等，基本形成了多层次的办学形式，具有较为完整的教育体系，福安市的初等教育质量不断提高。1985 年，在初中升学考试中，福安市民族考生成绩合格者超过原定名额 43 人；民族实验小学从 1981 年至 1990 年共培养高小毕业生 579 人，升学率达 92%，该校被誉为"畲山教育的明珠"。

1998 年 9 月 15 日，在福建省民族工作会议暨民族团结进步表彰大会上，时任福建省委副书记的习近平同志在《深入开展民族团结进步活动共同促进民族地区经济社会全面发展》的工作报告中指出："要从根本上提高少数民族人口素质，关键在于大力发展民族地区教育。要调动全社会的力量，多渠道增加对民族地区教育的投入，发展和完善民族地区的教育设施，切实改善办学条件。（福建）省直有关部门都要针对我省民族地区教育相对落后的状况，支持少数民族教育发展专项资金，每年集中精力办好一批重点民族小学或寄宿制民族小学，切实提高民族乡村基础教育质量。建立少数民族特困助学金，救助一批少数民族失学儿童。要大力普及九年义务教育，扩大民族中学办学规模，提高少数民族和民族地区初中升学率。要大力发展各种形式的职业教育和成人教育，为民族地区培养大批合格的各类专业人才。要将职称评定与山区教学期限结合起来，鼓励、支持城市教师、师范毕业生到民族地区任教，扶持民族地区教育事业。要尝试在一些重点中学举办民族班，招收各县的少数民族学生进行培养。要继续做好省内发达地区对民

[1] 郭少榕：《福建少数民族教育探略》，载《教育评论》1993 年第 3 期。

族乡教育的对口支援工作，发动社会捐资助学，实施‘希望工程’，开展‘手拉手、献爱心’活动，确保少数民族适龄儿童都能够接受义务教育。”[1]习近平同志这些关于福建民族教育的讲话精神对21世纪初的宁德畲族教育发展指引了方向，也为其他地区的畲族教育提供工作遵循。

小沧乡位于福州市北部，是畲汉混居的集聚区，其中有若干畲族村落。1984年6月，该乡成立为少数民族乡，是福建省最早的民族乡。1963年小沧中心小学正式成立，同时在各个自然村建立了13个分校；1996年实现了“两基”达标。1998年该地创办小沧民族春蕾学校。1999年调整教育布局，实行集中办学，相继多渠道集资100余万元建设寄宿生宿舍楼、多功能馆等配套设施，教学条件明显改善，师资力量逐步增强，教学质量迅速提高。1993年至2007年设立“戴帽初中”[2]，实行从小学到初中的教育，甚至实现九年义务教育一贯制。2000年开始，各个自然村的小学陆续归并到小沧中心小学。2003年，小沧开始集中办学到2005年合并完成。2006年6月，小沧挂牌成立小沧畲族乡春蕾学校[3]。

江西省是民族散杂居省份，少数民族人口不多，没有自治地方，根据官方统计，2016年全省4542万人口中，少数民族仅占0.34%，即15.23万人。但省委、省政府高度重视民族教育发展，少数民族学生就读的学校涵盖了基础教育、中职教育和高等教育等不同层次。特别是对民族乡村的九年义务教育，给予了大力支持和关注，不但出台了一系列支持的政策与措施，而且从领导机制上、经费保障上，均有力地促进了民族教育的改革与发展，进一步缩小了与全省平均水平的差距。2001年年底，少数民族学龄儿童入学率是98.26%，巩固率和“小升初”的比率均超过96%，相比“九五”期末，这两个数据分别提高了2个百分点和5个百分点；初中适龄人口入学率已达到92.91%，巩固率超过85%，分别较“九五”期末提高1个百分点和2个百分点。至2016年，全省义务教育阶段学校少数民族在校生有2.8万名，民族乡

---

[1] 具体内容详见《福建民族》1998年第5期。

[2] 即在小学的基础上增设初中甚至高中，目的是解决农民子女就近读中学的问题。

[3] 兰建华：《社会变迁背景下的农村畲族教育——以福州北部沧村为例》，中央民族大学2011年硕士学位论文。

村小学适龄儿童入学率和小学升初中比例均达到99%以上，近85%的初中生毕业后升入高中阶段学习。[1]

20世纪80年代初期，根据统计调查，浙江省云和县当时有609名畲族中学生，在云和全县中学生中的占比是6.8%。作为全国唯一的畲族自治县浙江景宁畲族自治县，2005年有小学31所，在校小学生8812人，其中畲族生1075人；初中7所，在校生5425人，其中畲族生513人；普通高中2所，在校生2645人，其中畲族生209人。2019年有普通中学6所，其中高中1所、初中5所，职业中学（高中）1所，小学15所，幼儿园26所。义务教育段少数民族学生2270人，其中少数民族女生1130人，入学率100%。

近年来，景宁畲族自治县推行阳光招生政策，遵循"就近入学"原则，新生入校后实行电脑派位、均衡分班，维护适龄儿童少年合法权益。另外，少数民族学生都享有"十五年"基础教育免费制度，所有在本县就读的少数民族学生，学费全免，由教育局组织实施，资金列入县财政年度预算。县民族小学优先招收少数民族学生，县城其他小学招生时，少数民族择校生可以提前一个批次录取。待县城小学资源扩大后，县城小学根据学生意愿，无条件招录少数民族学生。对在县城租房就读、学校不具备寄宿条件、且在城市公交车服务范围以外的农村少数民族贫困小学生，给予每人每学年1500元的租房补助。租房补助由本人向就读学校申请，民族局负责审核，教育局组织实施，资金列入县财政年度预算[2]。

中华人民共和国成立前，广东省潮安县的山梨、碗窑、李工坑、石古坪等畲族村庄都开过私塾，但时断时续，并不系统。由于收费较高，只有少数富裕人家的子弟才能上学，劳动人民基本上都是文盲。中华人民共和国成立后，在党和政府的领导和帮助下，很多畲村如李工坑、碗窑、山梨、黄竹洋等，都兴办了村小学。小学免收一个学期的学费，为生活困难的学生提供生活津贴，并拨出一定数量的经费用于教材、娱乐器材、书籍和报纸等购买。

---

[1]　沈丽：《以高度的政治自觉做好民族教育工作——访江西省教育厅厅长叶仁荪》，载中国民族网2016年4月13日，https://www.56-china.com.cn/show-case.php?id=536。

[2]　《关于加强少数民族经济和社会事业发展扶持工作的意见》，景宁畲族自治县民族宗教事务局〔2015〕9号文件。

20 世纪 50 年代的扫盲运动也取得了很大的成绩,许多青壮年在劳动之余勤奋学习,都甩掉了文盲帽子,其中就有不少畲族妇女。20 世纪 80 年代后,潮州市严格落实国家九年义务教育的要求,畲族适龄儿童入学率达 100%。畲族不但普及了中小学教育,使畲族子女享受了平等的受教育权利,畲族学生至少都是初中毕业以上学历,而且许多畲族学生考入高等学府,继续深造,不少人获得硕士与博士学位。畲族涌现了许多如教师、医生、工程师、艺术家等职业的从业人员。

安徽省宁国市云梯乡,是畲族聚居乡,虽然没有专门设置畲族小学,但那里的畲族学龄儿童都入学就读,一部分进入高中阶段学习,少部分还会继续到高等学府深造。

在社会各界的关注和资助下,全国少数民族教育水平有显著提高。其中畲族女性接受义务教育的人数也在逐渐增多,这得益于国家实行的义务教育阶段免费制度,解决了农村家庭"因贫失学"的问题。同时,一些慈善组织和教育政策措施向畲族女性教育倾斜,保障了一部分畲族女性的入学、升学等问题。如在全国妇联的大力倡导和推动下,1989 年,中国儿童少年基金会设立了"女童升学助学金"这一专项基金。

畲族女性教育水平逐步提升。当前绝大多数畲族家庭认同并开始落实女性受教育权,性别歧视减少,畲族女性受教育程度显著提高。伴随着九年义务教育制度的普及与深入,加之政府对畲族女性教育的深入关注,近年来,畲族女童升学率有了很大提高。但是基于男女童之间仍存在教育落差,因此仍应继续推行和普及九年义务教育制度,进一步缩小差距,直至平等。

(二)扫除畲族女性文盲成效卓著

中华人民共和国成立以来,女性文盲率下降幅度大于男性。这是因为党和各级政府高度重视消除妇女文盲,并着重于对贫困和少数民族地区妇女开展一系列扫盲教育。比如,"巾帼扫盲行动",就是有关部门协同全国妇联开展的一项提高妇女识字的运动。再如,1989 年,"春蕾计划"由中国儿童少年基金会发起实施,这是一项社会公益计划,目的是帮助贫困地区的辍学女童重返学校。实施“春蕾计划”以支持女童入学，既是一项提高民族素质的基础工程，也是巩固“普及九年义务教育”的一项重要工作。正是由于上述工作的有力实施，到1990年，中国小学生毛入学率为125.7%，其中女生为121.6%，男生为129.4%，性别均衡指数（女/男）为0.94。2002年，中国小学生毛入学率为107.5%，其中女生为107.2%，男生为107.7%，性别均衡指数为1.00。按国际标准，均衡指数如在0.97和1.03之间，则表明消除了性别不平衡。由此可以说明，中国已经实现了这个目标。全国小学失学儿童1990年为211.09万人，其中女童为171.29万人，约占81.1%；2002年全国小学失学儿童为160.41万人，其中女童为78.48万人，约占48.9%。在12年间，失学女童减少了92.81万人，这是极大的进步。

女童的文盲率也不断下降。1982年全国人口普查时，在12岁及以上的女性人口中，文盲、半文盲共有16,452万人，占全国文盲、半文盲人口的69.2%，为男性文盲、半文盲人口的1.25倍。1995年第五次人口普查数据，我国有8506万文盲，女性占71%，是男性文盲的2倍以上。之后在“春蕾计划”的推动下，2004年，15岁及以上女性的文盲率（全国城镇地区）与1995年相比，下降了5.7个百分点，为8.2%；同年，15岁及以上女性的文盲率（全国农村地区）与1995年相比，下降了10.5个百分点，为16.9%。与1995年相比，全国青壮年妇女文盲率下降了5.2个百分点，为4.2%，高于全国总文盲率的下降幅度。

根据2000年第五次人口普查的数据，在畲族15岁及以上的52.25万人口中，文盲人口有6.17万人，占11%，其中男性成人文盲率为7.44%，女性成人文盲率为16.96%。文盲人口比1990年减少了6.51万人，文盲率下降了17.55%。2010年第六次人口普查的数据，在畲族6岁及以上的64.34万人口中，未上过学的有4.04万人，占6.25%；其中男性约为3%，女性约为7%，较2000年的数据大大降低。而至2020年，全国少数民族人口文盲率进一步下降，受教育程度程度进一步提高，男、女性别差异进一步缩小。以浙江省的数据为例，2020年浙江省3岁及以上少数民族人口中，未上过学的人口比例为6.08%，比全省平均水平低0.99个百分点；上过小学和初中的人口比例为78.14%，比全省平均水平高17.59个百分点；上过高中（含中专）的人口比例为9.57%，比全省平均水平低5.35个百分点；上过大专及以上的人口比例为6.22%，比全省平均水平低11.20个百分点。从文化结构的变动趋势来看，尽管具有较高受教育程度的人口比例较低，但是增长速度较快。3岁及以上少数民族人口中，具有小学受教育程度的人口比例比2010年下降，降低5.14个百分点；具有高中（含中专）及以上受教育程度的人口比例大幅上升，比2010年高出4.63个百分点。[1]

基础教育阶段女童的辍学率也大幅下降。从1990年的2.77%下降到1997年的1.01[2]。2004年，全国小学辍学率为0.59%，其中女童为0.6%，全国初中阶段辍学率为2.49%，其中女生为2.19%[3]。截至2006年，我国基础教育中女童的辍学率为0.47%。

以福安市的少数民族义务教育发展为例。1991年福安市加强农村青壮年的扫盲工作，1993年开始全面实施初等义务教育，1995年全面推进“普九”进程。其中少数民族地区是“两基”工作的重点。福安努力提高少数民族劳动者的科学文化素质，特别督促3个畲族乡，健全机构、落实责任、强化督查、制定乡规民约和奖惩办法，建立政府、教育、妇联三方扫盲目标责任制，1997年基本扫除少数民族地区青壮年文盲。在此过程中，全市所有民族乡村都办起农民文化技术学校，使之成为提高少数民族农民科学文化素质和实现奔小康目标的学习中心。

当教育的普及消除了部分畲族女性文盲的状态，越来越多的畲族女性参与到经济社会文化建设中，为畲族的可持续发展做出了巨大的贡献。比如，在女性参与到农村精神文明建设方面，丽水老竹畲族镇大片行政村是个典型范例。通过“经过创业带头人”“双学双比”“新家庭计划活动”等系列活动的开展，女性的作用在该村得到了充分发挥。1997年该村被定为全国文明示范村，连续多年保持省委、省政府授予的省级文明单位的荣誉称号。

---

〔1〕 浙江省统计局：《浙江省第七次人口普查系列分析之六：少数民族人口》，载浙江统计局网2022年7月22日，http://tjj.zj.gov.cn/art/2022/7/22/art_1229129214_4956179.html。

〔2〕 以上数据详见《中国儿童发展纲要（2001—2010）》，国务院2001年5月22日发布。

〔3〕 云南省妇联：《聚焦女童教育》，载《中国教育报》2005年11月7日。

畲族地区扫除女性文盲的成果是可观的，但是要彻底消除女性文盲现象的存在，有赖于全社会的共同努力。对此，教育负有义不容辞的责任。妇女扫盲工作在少数民族地区，还必须大力继续推进，要持之以恒地贯彻“抓早、抓小”策略，采取扶贫扶智相结合，兼顾质量和数量，把少数民族女性扫盲这一重要的历史任务踏踏实实地完成[1]。

（三）女性的平均受教育年限提高

中华人民共和国成立之初，大部分女性接受初等教育后就要参与到社会生产劳动中，很少有接受继续教育的机会，因此受教育的年限并不高。其日常知识的获取是通过社会学习习得的。

根据2000年第五次全国人口普查的数据，中国女性的平均受教育年限比1995年增加了0.9年，平均年限为6.0年；男性平均受教育年限为7.8年，男女差距为1.8年。为了更好地维护妇女权益，提高妇女整体素质，加快实现男女平等的进程，发挥广大妇女在社会主义现代化建设中的重要作用，我国政府制定并发布《中国妇女发展纲要（2001—2010年）》。该纲要确定了6个优先发展领域，即妇女与经济、妇女参与决策和管理、妇女与教育、妇女与健康、妇女与法律、妇女与环境，加强了对妇女的职业教育、技术培训和成人教育，不断提高了妇女终身教育水平，并把促进妇女发展的主题贯穿始终。到2003年，妇女的平均受教育年限达到7.4年，男性为8.4年，男女均受教育年限差距缩小到1年。特别是近年来，国家加强了对妇女的职业教育、技术培训和成人教育，不断提高了妇女终身教育水平，性别差异进一步减小。根据2010年第六次全国人口普查的数据，在城市，妇女的平均受教育年限为10.3年，约等同于接受过高中教育；在村镇，妇女的平均受教育年限近似于接受但未完成初中教育。男性和女性平均受教育年限的差距在城市、乡镇、乡村呈现一种从小到大的排列，分别是：城市0.5年、乡镇0.7年、乡村0.9年。两性差异突出表现在农村。

而随着社会的进一步发展，教育事业的进一步增强，性别观念的进一步

---

〔1〕 马侠：《中国大百科全书》，中国大百科全书出版社1998年版，第243页。

完善,畲族女性平均受教育的年限也有所提高。政府教育资源的投入,以及社会各界对于畲族民族教育的关注和支持,使越来越多的畲族女性接受了职业教育、高等教育。以2000年和2010年的两次全国人口普查数据进行对比(如表3-2所示),我们可以发现,虽然与男性仍有差距,但在畲族女性群体中,高学历的人群比重增长较快。

表3-2 2000年及2010年全国畲族6岁及以上人口受教育情况表

单位:人

	2000年			2010年		
	总计	男	女	总计	男	女
人口	655,442	351,738	303,704	643,415	347,787	295,628
	小计	男	女	小计	男	女
未上过学	62,850	21,895	40,955	40,412	12,223	28,189
小学	325,940	167,650	158,290	259,014	129,941	129,073
初中	187,361	117,963	69,398	235,542	141,652	93,890
高中	29,775	20,633	9142	68,856	41,388	27,468
大学专科	7292	5065	2227	21,606	12,274	9332
大学本科	4220	3093	1127	16,961	9671	7290
研究生	181	141	40	1024	638	386

资料来源:根据中华人民共和国国家统计局统计数据整理。

二、高中教育与职业教育水平的稳步提升

少数民族地区经济发展,离不开实用型人才的支持。1999年3月,时任福建省委副书记的习近平同志到宁德地区调研少数民族与老区工作,在福安市畲族经济开发区调研汇报会上指出:宁德是福建省畲族最大的聚居地,是畲族人口最集中的地方。当前,要着重从四个方面抓好工作,其中之一是

要大力发展少数民族聚居地的社会事业，特别是发展教育事业。他特别指出："社会事业相对滞后于经济，是普遍存在的现象。少数民族地区的这种滞后更突出一点。所以，电视、电话、卫生、文化设施、学校、计划生育工作要尽快搞上去，当前特别是教育要搞上去。少数民族地区有很多一人一校的情况，教育水平不高，师资缺乏，这些工作在民族工作会议上已专门作了部署要认真加以落实。抓经济发展是关键、抓人才培养是根本。一个民族的希望在于教育，世界的财富在犹太人的'口袋'里，犹太人的财富在他们的'脑袋'里，这句话说的就是这个意思。"〔1〕

2001年7月，福建省教育厅制定颁布《加快民族教育改革与发展步伐促进民族地区经济和社会快速发展》。2002年，《福建省人民政府关于深化改革民族教育的实施意见》（闽政文〔2002〕344号）要求，务必抓好少数民族地区"两基"巩固和提高，与此同时，必须大力推动少数民族高中阶段教育发展，继续给予经费和政策倾斜，使之与全省基础教育事业同步发展。福建全省民族教育工作电视电话会议要求："加快民族地区基础教育信息化进程，努力扩大少数民族学生接受高等教育的机会。"

2003年5月23日，福建省教育厅、民族宗教厅与公安厅联合下发《关于正确认定少数民族学生成分认真执行少数民族学生中考加分政策的通知》，报考民族中学或普通中学民族班的少数民族考生按升学考试总分的10%给予加分录取，提高民族中学中少数民族学生比例；职业中学招生取消"门槛"，视初中毕业生志愿放开录取，加快少数民族职业教育发展步伐。

2005年，《福建省人民政府关于加快发展民族教育的实施意见》由福建省人民政府下达，提出要促进民族地区各类教育协调发展，加快发展民族地区基础教育，该意见对学前教育和特殊教育、义务教育均衡发展以及少数民族高中阶段教育，都提出了新要求和新意见。另外，提出要继续加大对民族教育经费投入。在安排财政转移支付资金和本级财力时，对民族教育予以倾斜支持；将加快民族教育发展的项目纳入当地教育发展项目规划，优先予以专项支持；建立健全各类内地民族班办学经费动态调整、生均补助经费稳

〔1〕具体内容详见《福建民族》1999年第3期。

定增长机制。

宁德畲族教育的发展是畲族教育的典型缩影。宁德是畲族人口最为集聚的区域。1988 年,时任宁德地委书记的习近平同志找时任宁德地委统战部部长姚智梅谈话。在谈话中指出:“虽然宁德是一个贫困地区,但宁德是全国畲族最大的聚集地,在东南亚的华侨也比较多,而且是宗教工作的重点区。所以,闽东的统战工作任务是比较重的,要建设闽东、发展闽东,必须重视发挥统一战线的重要作用,把方方面面人士的积极性都调动起来,团结一切可以团结的力量。”[1]在此背景下,宁德的畲族教育也得到了迅速发展,从 20 世纪末普及义务教育再到 21 世纪初,宁德在原有基础上更注重追求畲族教育的提高,特别是注意造就较高级人才和实用型本土人才。

(一)普通高中教育

除了各高中降分录取畲族学生外,宁德市民族中学成为专门培养少数民族高中学生的一所少数民族重点中学。宁德市民族中学是福建省民族教育的窗口,福建省一级达标学校,福建省十七所民族中学的排头兵,全国民族中学协会的核心成员校,2003 年被协会评为全国民族中学六所示范学校之一。

位于福安市的宁德市少数民族中学是福建省少数民族学校中办学时间最早、少数民族生比例最高(60%)、培养民族人才最多的少数民族重点中学。在宁德市民族中学建校 40 年校庆时,习近平同志题词寄语:“发展民族教育、培养民族人才。”学校以此为办学方针,以“突出特色,为培育民族人才;以人为本,为学生一生发展”为办学理念,把建设富有民族特色的校园文化放在重要的位置,重视学校的民族特色,重视民族优秀文化的传承和弘扬。

首先,建立以少数民族为基础的学生来源结构,让少数民族学生有入学机会。近年来,学校大力调整办学结构,坚持并正确贯彻民族招生政策,面向贫困山区定向招收农村少数民族学生,并降低他们的录取分数,为少数民

---

[1] 兰锋等:《广纳万川入海　画如同心大圆》,载《光明日报》2022 年 7 月 30 日,第 1 版。

族学生接受高质量教育打开了一扇门。学校为实现高中部50%少数民族学生招满的目标，对少数民族学生给予低45分录取的政策，同时，对降低45分入学的少数民族择校生，学校免收择校费，保证少数民族学生到校学习。

其次，建立适合少数民族特点的管理体制，让已经入学的少数民族学生能够留下来。由于多数少数民族学生，家庭都地处偏僻农村，有80%的少数民族学生需要寄宿，根据民族学生的特点，学校以奉献爱心为切入点，开展发扬爱心精神的民族团结教育，利用师生间、生生间的帮扶，减轻贫困家庭的负担。同时学校每学年投入几十万元多用于扶持少数民族贫困生的生活与学习，政府和社会各界也极力捐助家庭困难的少数民族学生，使学校600多位家庭困难的畲族学生（其中320多位家庭特困畲族学生）能够继续完成学业而不至于中途辍学。学校建立了值班制度，全天候三位一体值班，每天负责管理正常教学秩序的是两位中层以上干部，每天都有一名教师负责晚自修，切实提高寄宿生的管理，保证学生宿舍成为学生温暖的家，为寄宿生的学习、生活提供保证，为学生营造“干净、整洁、文明、和谐”的温暖之家。学校对于存在生活困难的少数民族学生，通过爱国人士捐资助学、师生互助、助学金、少数民族教育基金、减免学杂费等形式，多方筹措，帮助学生排忧解难。学校还设有少数民族优秀学生奖学金，鼓励学生克服困难、积极进取。

再次，构建教师队伍的五个机制，让少数民族学生学得好。为保证每一位少数民族学生都能学有所成，学校努力打造一支热爱民族教育事业的高素质教师队伍，落实五个机制：（1）导向机制，以良好的师德师风引导广大教职员工，提倡奉献精神。（2）激励机制，通过评优和评先以及“教育教学成果奖”等，鼓励教师为提高办学质量而努力。（3）培训机制，学校制订了一系列教学培训计划，通过优惠政策，鼓励教师继续教育更新教师的知识体系，提高教学水平，为民族教育做贡献。（4）规范机制，建立了严格的教育教学常规，保证教育教学工作有章可循。（5）约束机制，对个别教师中违反职业道德的行为在正面教育的同时进行严肃批评，并通过一定制度加以约束。学校培养了一批形成特色的教育教学骨干。

最后，树立“为国育才、为民致富”的办学特色，让少数民族学生用得上。学校努力实现“两手抓”，一手抓为培养高素质的少数民族人才，推动学校的教育教学质量稳步提升。学校秉承‘团结、严谨、勤奋、进取’的校训，不断更新教学观念和模式，全面推进素质教育。一手抓未能升学的少数民族学生一技之长的培训，让他们在校所学知识在回到家乡后能用得上，在“为民致富”中发挥作用。通过校本课程与地方课程结合的路径，学校积极继承弘扬畲族优秀传统文化，针对少数民族地区经济、文化发展的人才需要，成立了畲族经济研究小组、学马列主义理论小组、畲族体育文化传统研究小组，成立了以畲族学生为主体的合唱队、武术队等活动小组，学校实验室、图书馆、计算机室、语音室、体育组每天尽量向学生全方位开放，让学生有足够的时间，开展好创造性的学习活动。每年寒、暑假组织部分老师、学生深入畲族聚居区调研民族地区的经济状况，为民族地区的经济发展献谋献策；特别是“畲族经济研究小组”活动，政治组与劳技组组织的这个活动，为少数民族农村致富培养了大批带头人。

同时，学校坚持挖掘和传承少数民族传统体育，在全国、省少数民族运动会上，都可以经常见到学校师生的身影，在比赛中，他们屡屡斩获好成绩。在56年的建校里，学校共培养了13,000多名初中毕业生，其中少数民族学生9000多名，培养高中毕业生13,000多名，其中少数民族学生近6000名，他们中有一大批成为各条战线上的骨干力量。如2012年被评为第九届“中国青年女科学家”奖的85届校友吴志英。据不完全统计，福建省、市、乡镇许多少数民族主要领导都毕业于宁德市民中，如中央候补委员、中共福建省委常委、统战部部长雷春美，省民宗厅副厅长兰秀珍，南平市常务副市长蓝斯文，宁德市人大副主任兰兴贵，宁德市政协副主席雷仕庆，原省民宗厅副厅长雷斌、钟安，省民政厅原副厅长蓝致和，省人防委原副主任钟明森等，还有许多校友担任了市(厅)、县级和军队的领导干部，还有如蓝家勇、陈勇生、钟周伟等一批优秀的企业家、专家、学者，还有校友成为农村致富带头人，学校被誉为培养民族人才的摇篮。

(二)职业教育

为了促进服务家乡的少数民族实用型人才培养,畲族地区大力发展职业教育。在职业教育的教学方面进行了探索。下文以宁德职业教育为例进行系统阐述。

第一,以本地的实情为出发点,实行全日制教育与非全日制教育相结合。对于适龄学生,学校在全日制教育中,实行工学结合、校企合作、顶岗实习的人才培养模式;针对农村富余的劳动力,学校采取非全日制教育,进行农村劳动力转移培训,增强服务"三农"的能力;对于畲民,注重进行技能培训,以培养有文化、懂技术、会经营的新型农民,同时开展进城务工人员技能培训,逐步实施农村新成长劳动力免费劳动预备制培训。在一些畲族社区里,农民有机会接受科普教育,在福建省福安市穆云畲族乡,政府积极推动科普教育与"科技兴农"工程配套,畲族农民有机会接受科普教育。

第二,以就业为导向,推进职业教育与培训同步发展。宁德职业教育学校结合本地经济发展,构建培训机制,提高他们的就业能力,为畲乡劳动力的转化提高必要的技术准备;学校还以企业为依托,改变职业教育的办学理念,变我想要培养的人才为我需要培养的人才之思路。积极促进校企合作,联合办学;加大投入,提高办学设施;引进人才,优化师资队伍,大力发展双师型教师。同时,学校着眼长远,建立与本地经济发展相适应的开放性现代职业教育体系,从而增强学生适应社会的能力,提高他们的就业素养。

第三,调动行业企业的积极性,拓宽教育培训的渠道。宁德职业教育学校不断完善"政府主导、依靠企业、充分发挥行业作用、社会力量积极参与,公办与民办共同发展"的多元办学格局;与企业联合,为企业进行职工培训,依托学校的教育教学资源,为企业培训出合格的创新型人才;构建终身学习"立交桥",利用学校互联网载体,为行业企业职工的终身教育、继续学习创设良好的学习平台。

以福安市民族职业中学为例。福安市民族职业中学创办于1990年,地处福安市康厝畲族乡苏坂村、穆阳溪畔，是宁德市农村重点职业中学，也是宁德第一所民族职业中学，更是福建省唯一的一所民族职业中学。福安县民族中学为其前身。福安县民族中学从1988年开始，招生食用菌养殖专业学生44名，试办“3+1”学制职业高中班。1989年秋，福安县民族中学又开设了二年制缝纫纺织专业，最后一个学期，所有学员都有机会到石狮和泉州的服装厂实习，毕业后，大部分学员被招为服装厂工人。后来，学校升格转为民族职业中学，主要办学方向是为培养畲族职业技术人才。学校下设中职部和初中部。初中部的招生对象是康厝乡户籍的小学毕业生，还有毗邻乡镇的少数民族学生；学校的高中部主要是职业教育。学校职业教育基础较为扎实，被誉为“宁德职教一枝花”。加强畲民培训，促进畲民劳动力转化。1993年，学校采取与企业联办的办法，开设8个专业，培养人才500多人。学校一直重视职业教育中的短期培训工作，多次组织专业教师深入少数民族村进行农村实用技术培训。2012年6月至8月，该校先后在康厝乡红坪、金斗洋、凤洋等畲族村进行生姜种植、水蜜桃种植及淡水养殖等农村实用技术培训，培训人员达150多人。2014年1月12日—18日，《水蜜桃栽培与加工》培训课程走进福安市穆云畲族乡王楼畲村。培训拓展了畲农增收渠道，增强了畲农致富本领。

1996年，宁德市（县级，即现蕉城区）民族中学创设民族职高班，宁德地区农业学校、福安师范学校等校开办民族预科班。当年，有500多名少数民族学生从职业中学毕业，为家乡脱贫致富作贡献；有300多名少数民族学生进入职高学习。

三、接受高等教育的权利与机会逐步增加

中国女性高等教育始于1905年。但直至1919年，才有了第一所公办女子大学，这就是北京女子高等师范学校，其前身是北京国立女子师范学校。北京女子高等师范学校的第一批新生只有24名女生。“五四运动”后，允许普通高校“男女同校”“开女禁”成为社会热点话题。“男女同校”得到时任北京大学校长蔡元培的大力推动，北京大学于1920年首次招收3名女性入学，成

为我国第一所男女同校的大学,开创了中国高等教育男女同校的先河[1]。在之后的几十年内,由于政局不稳、思想束缚等因素,我国女性高等教育的发展十分缓慢。到 1931 年,中国各类高等学校中,在校学生总数有44,130人,但其中女学生只有 5180 人,占学生总数的 12.3%。到了 1947 年,各类高等学校在校学生总数达到了 15.5 万人,其中女性比例为 17.8%。中华人民共和国成立后,从 1949 年至 1989 年的 40 年间,我国高校女性人数从 2.32 万人增加到 70.2 万人,增长 29.2 倍[2]。

由上述数据可知,随着我国高等教育的发展,女性获得了越来越多的接受高等教育的机会。这也与我国高等院校数量增加密切相关。高等院校招生规模的扩大和数量的增加,积极推动了女性接受高等教育的机会。

少数女性在接受了中等教育之后,有着和男性一样平等的机会通过高考,进一步接受高等教育。高校也不会因为其少数民族女性的身份而将其拒之门外,甚至个别学校设置了特定的少数民族女性班。2015 年年底“少数民族英才培养计划”出台后,该计划被认为是人才培养模式改革的重要举措。中央民族大学 2019 级有这样一个特殊的班级,一个由少数民族姑娘组成的班级——2019 级英才女班。以民族舞蹈特色教学为基点,马云霞教授带领英才女班,以继承和弘扬民族舞蹈文化为己任,成为少数民族艺术重点学科国家级基地。

无独有偶,畲族女性在教育平等大环境的保障下,不仅获得了平等接受高等教育的机会,在此基础上,各方也在努力争取在教育结构、教育过程和教育结果都实现平等化,使女性平等接受高等教育的权利从量到质的落实。以宁德地区为例,1991—2015 年,宁德市(地区)民族中学高中共招生 9824 人,其中少数民族 4523 人;毕业 8588 人,其中少数民族 3855 人;升学 7678 人,其中少数民族 3029 人。少数民族高等录取本科大学 2177 人,大专 852 人;文科 989 人,理科 1697 人,体育、艺术类 343 人。

---

[1] 马万华、陈定芳:《巨大的进步　严峻的挑战——中国女性参与高等教育世纪之交的回顾》,载《清华大学教育研究》1998 年第 4 期。

[2] 赵叶珠:《建国后我国女性接受高等教育研究》,载《高等师范教育研究》1993 年第 5 期。

第三节　畲族女性学校教育存在的问题

学校是学生接受教育的主要场所,学校教育对于少数民族青少年来说更是促进自身和社区发展的重要途径,因而学校教育问题在畲族女性学习和生活中显得尤为重要,是促进畲族女性进步发展的重要途径。另外,探讨和研究畲族女性学校教育遇到的问题,有助于进一步突破少数民族女性学校教育发展的"瓶颈",寻找少数民族女性发展的正确道路和最佳途径。

一、畲族女性学校教育的问题

(一)畲族女性义务教育水平逐渐提高,但升学率和巩固率相对较低

东南地区畲族为散杂居民族,经过迁徙后散居到各地,多居住于高山或半山之中,偏远的山区的生产力水平不高,经济条件落后,多与外界隔离,长期过着刀耕火种的生活,中华人民共和国成立前,畲族人民很难有接受正规学校教育的机会。中华人民共和国成立后,政府不断出台扶持政策,以强化少数民族民众的教育力度,畲族在多种原因的影响下,如经济和文化同化等,但在教育上出现了严重的性别歧视现象,忽视甚至剥夺女孩的受教育权,教育制度改革之前的很长一段时间,女童失学率居高不下。

20世纪80年代后,党中央和各级政府加强了对少数民族教育的扶持力度,采取多项扶持政策,大力推进少数民族义务教育发展进程,竭力扫除少数地区文盲。随着国家扶持政策的广泛普及与深化实施,畲族女性教育水平逐步提升,当前,绝大多数畲族家庭认同并开始落实女性受教育权,性别歧视减少,畲族女孩小学入学率超过90%,畲族女性受教育程度显著提高。

但是,根据前文数据显示,畲族女性教育,尤其是在义务教育阶段,仍然存在辍学率高、升学率较差等问题。小学毕业上初中,对于城市的女孩来说,是情理之中的事,但是对于很多畲族女孩而言却是一种奢求。农村的畲民仍然固守着女孩上学无用的传统思想,很多畲族女孩上完小学或未读完

小学时就要辍学回家帮忙，打工甚至嫁人，能接受高中甚至高中以上教育的女性屈指可数。

（二）畲族女性中等教育逐渐加强，但缺少与实际需求相契合的职业教育

随着九年义务教育政策的普及与深入，加之政府对少数民族女性教育的深入关注，近年来，畲族女童升学率有了较大程度的提高，有一部分畲族女孩进入了高中甚至大学学习。但是，相较于东南地区的汉族女性教育，畲族女性教育所取得的进步较为微弱缓慢。畲族女生的生存成长环境较之城市学生更是存在明显差别和差距，这也是城市教育和农村教育之间存在差距的直接体现。但在教育内容或是教育形式方面，不管是少数民族学校或是普通中小学，畲族女生接受着与汉族学生相同的教育。从另外一方面来讲，接受同样的教育，意味着畲族女性并没有特别接受民族教育，接受普通教育的结果意味着教学过程中更强调升学，民族教育的功能性则遭到忽视，这也使畲族女生在初中毕业后，如果不继续升学或未能考上高中，就无法取得谋生的一技之长。在畲族的传统观念中，女孩应该学习编织、刺绣等基本手艺，在过去，从五六岁起，畲族女孩就要跟着家中女性长辈学习彩带和竹编编织手艺。现在编织的手艺渐渐消失，很多畲族姑娘甚至已经不了解本民族的历史和文化传统。2016—2017 年，本书课题组对浙江、福建等地的畲族历史文化进行了调研。关于是否知道畲族的重要传统节日“三月三”问卷调查结果显示，在浙江省的 457 份问卷中，有 245 人（占总数 53.6%），体验过这个节日活动；而 203 人（占总数 44.4%）只是听说过这个节日；另有 9 人不知道此节日。再看福建省的情况，在 577 份问卷中，选择听说过这个节日的占 50.6%，即 292 人；选择体验过的为 220 人，占总数 38.1%；选择不知道的为 96 人，占总数 11.2%。关于学校是否教唱过畲族山歌这个问题的回答，两省的情况却出现不一样的结果。浙江省受访者选择“经常”的 45 人（占 9.8%），选择“偶尔”的 127 人（占 27.7%），选择“从来没有”的 285 人（占 62.3%）。福建省受访者中选择“经常”的 158 人（占 27.3%），选择“偶

尔”的 265 人(占 45.9%),选择“从来没有”的 154 人(占 26.65%)。

对于传统文化的教育,答案以“没有”或“偶尔”占据大多数。因此,不少畲族家长认为女孩在学校连民族文化都学不到,更学不到以后生存生活的真本事,脱离民族实际需求的教育使畲族家长形成学习成就低的思想,家长对学校教育失去了希望和兴趣,这也是畲族女孩失学的一个重要诱因。

(三)畲族女性学校教育文化整体提升,但水平相对不高

受教育程度和文化资本直接影响着女性的职业选择、家庭事务的决策能力,甚至直接与个人权威相联系。城镇化给予了畲族女性更多参与社会事务的机会,但女性自身的文化水平又限定了她们的发展空间,这种矛盾在城乡畲族女性身上的表现尤为突出。

以闽东地区为例,根据 2010 年宁德市统计局数据显示,闽东畲族女性的文化水平相对不高。在 67,246 名 6 岁及以上女性人口中,未上过学的有 6482 人,占 9.64%,这一数据意味着闽东畲族女性的文盲率相当高;上过或正在上小学的有 34,995 人,占 52.4%;初中水平女性所占比例达到 29.46%;高中以上学历仅占 8.86%;大学本科学历占 0.5%;研究生学历仅有 15 人,占 6 岁及以上女性总数的 0.02%(见表 3－3)。[1]

表 3－3　宁德市畲族分性别、受教育程度的 6 岁及以上人口统计表

单位:人

受教育程度	总计	男	女
总计	142,081	74,835	67,246
未上过学	9618	3136	6482
小学	71,475	36,480	34,995
初中	47,231	27,422	19,809
高中	10,472	5851	4621

〔1〕 马少云:《宁德市 2010 年人口普查资料》,宁德市统计局 2011 年版,第 621－623 页。

续表

受教育程度	总计	男	女
大学专科	2321	1352	969
大学本科	927	572	355
研究生	37	22	15

在调查的814名女性中，大部分（69.16%的）女性的受教育程度低于丈夫，文化水平高于丈夫的仅有6.27%，文化水平与其丈夫相当的有24.57%。可见城乡畲族女性受教育程度相对较低，在家庭中多数女性的文化水平比丈夫低，与汉族女性的受教育水平差距更大。因此，从相对文化资本角度来看，畲族女性相对处于弱势地位。

在城镇化背景下，高新技术产业、信息产业在城镇快速发展，其对就业人口的文化资本要求、技术要求越来越高，即使在乡村，农业生产对科技知识、市场信息的要求也在逐步提高，教育程度低的部分女性逐渐在社会分工中被边缘化。基于这些方面的制约，畲族女性要想实现更大作为需付出更大的努力。除个人的努力之外，还需要原生家庭的支持及政府教育政策的扶持。

（四）畲族女性群体存在隐性心理健康问题

畲族生活在较为封闭的大山之中，畲族女性自幼学习唱歌，因为畲族没有自己的文字，他们习惯用山歌表达情感，表现出的是畲族女性的乐观开朗。但是在学校生活中，很多畲族女生性格却内向保守，不像在自己族群中、大山中那样活泼开朗。在少数民族学校中，不少教师都看到了畲族女学生所表现出的异常，以及其与汉族学生之间的差异，特别表现在小学或者初中阶段的畲族学生群体中。

造成这一现象的原因是多方面的。首先，畲族女生文化基础薄弱，接触新鲜事物的渠道较少，知识面狭窄，相较于汉族学生，她们在学习中表现的更加拘谨羞涩；其次，长期使用畲族语言，使她们不敢与老师同学交流，遇到不懂的问题也不敢询问老师同学，口头表达能力、与人交往能力较弱；最后，畲族女生长期生活环境较为封闭,思维较为传统固化,创新性思维、发散性思维不强,在学习上往往会出现“死读书”的现象。这些因素的共同作用导致畲族女生只愿意或者不得不只和本民族的伙伴交流活动,和汉族等都市女生甚少来往。另外,家庭经济水平的差距,也使部分畲族女生缺乏自信,有较为严重的自卑心理,对未来缺乏愿景。虽然在学校畲族女性存在学习基础薄弱及交流方面等的问题,但是在学习积极性方面,畲族女生有着其民族固有的勤奋质朴。

二、造成畲族女性学校教育问题的成因

(一)生存环境的影响

过去,位于东南地区的畲族生活的地方多山地、丘陵,山峦叠嶂、丘陵密布,被称为“七山一水二分田”,这样的环境不利于农作物的生长,畲民还要以辅助打猎以维持生计,落后的生产力水平,恶劣的生存条件,使畲民生活条件差,很多畲族地区呈现出的是“一方水土养不了一方人”。封闭恶劣的生存环境,不断迁徙后成了“外来客”,加之历史上遗留的民族歧视观念,导致畲族民众不愿意与外界来往,这也使他们的生活环境越来越封闭,视野越来越狭窄,思想越来越固化,小农经济思想成为他们的主导思想。经济发展水平的低下严重制约了畲族学校教育的发展,更限制着畲族女性的学校教育机会,畲族女孩很难走出大山,接受高等教育的寥寥,即使有机会也极可能因家庭经济条件和家长狭隘思想的限制而被迫放弃。

改革开放以后,畲族民众为了谋求生计,开始走出大山,但是“等、要、靠”的观念仍然根深蒂固地扎根于畲民思想之中,另外,受传统思想影响,他们不愿意女性出门在外、抛头露面。因此,虽然国家和政府一直加大对畲族女性教育的扶持力度,部分女童陆续走出山村,接收中、高等教育,但是家庭条件、生活习惯等因素仍然会为她们的学校生活带来诸多不便。

(二)畲族传统文化礼俗逐渐颓变遗失

古代畲族有着强烈的女性意识,女性在家庭中有着较高的地位和权威,

在畲族文化礼俗中也处处表现出女性的权威与尊严。畲族民间故事中的女性是神圣的智慧人物，畲族农耕文化中也极力讴歌了畲族女性形象。

过去的一段时期内，畲族盛行多子女家庭，生存的艰难使畲民更加看重能够从事重体力劳动的男性，“女不如男”的思想逐渐被强化，严重的性别偏见与歧视导致畲民在教育投资上也逐渐开始偏重于男性。畲民多认为女孩学习没有用，迟早是要嫁到别人家，如果女孩读书，不仅不能承担家庭劳动，还要为她负担生活费，这对于经济条件差的畲族家庭来说无疑是一笔不小的负担。因此，即便是女孩上了小学，仍要带弟妹，做家务，如若家庭中出现家人生病，劳动力减少等变故，女孩则必须辍学回家。这导致不少畲族女孩很难顺利地完成九年义务教育。即便接受了中高职教育甚至本科教育的畲族女性，当前仍存在家庭对女性教育不够重视的情况。比如，在本书问卷调查中，回答“在家父母是否会要求您帮忙一起干活”的问题时，高职高专女生回答“以学习为重”的比例的约为 22.8%，而本科女生比例提高了 8% 左右。

前文提及，古代的畲族姑娘从幼时起便要跟着母亲学习刺绣、编织彩带等手艺，刺绣、编织的好坏直接关系到姑娘是否心灵手巧。彩带还是姑娘结婚时要赠与男方的重要回礼。另外，畲族女性善于唱歌，歌教也是畲族重要的教育手段。但是现在的畲族中女性编织、歌教等习俗逐渐消失，畲族传统服装也逐渐为现代实用性服装所替代。很多畲族姑娘不再会唱本民族歌谣，不再擅长编织，畲族传统的民族文化正在逐渐逝去。

（三）社会对女性教育存在的偏见

长期以来，东南地区少数民族学校多集中在落后的偏远山区，民众思想较为闭塞，思想深处还或多或少有潜在的封建残余。不少家庭认为，女性接受教育尤其是高等教育是一种资源的浪费。其理由是女性与男性生来就在生理上存在差别，接受同样教育的女性在事业上难以取得与男性一样的成就。在农村“嫁出去的女儿等于泼出去的水”，这种观念更是阻碍着部分家庭承担起女性接受正规教育的问题，认为女性无须接受更多更高层次的教育。此外，社会上有许多单位因为女性结婚、生子或者与男性体质上差异的问题,只录用男性,拒绝接受女性。于是人们包括女性本身对教育问题的认识也逐渐陷入了误区。

(四)教育资源配备不足

人力资源是教育的重要资源,教育上的人力资源包括教育者人力资源和受教育者人力资源。从人力资源角度来看,畲族女性学校教育缺少一定的教育资源。根据符依在2016年的调查,少数民族地区有6个省份小学学校师生比低于全国平均值。其他地区只有2个省市未达到平均水平。另外,全国初中师生比方面,少数民族地区有9个省市并未达到全国平均值,其他地区仅有一个省市低于全国水平[1]。同时,由于长期以来少数民族学校多集中在落后的偏远山区,受自然环境、社会地位、工资待遇、家庭因素等因素的影响,少数民族地区呈现出“教师不愿意来,来了留不住的困境”,难以吸引专业人才扎根建设。有的少数民族学校因师资队伍人员不足,甚至出现了不少一学期要承担好几门课程的“全能”教师。因此,少数民族学校无论师资结构在年龄、学历、职称等方面都达不到国家基本标准。

从物力资源角度来看,畲族女性学校教育,学校的基础教育设施相比发达地区较为落后,教室、宿舍、实验室、图书馆等硬件设施使用都比较紧张,尤其是现代化教学设备比较缺乏。在新时代科技背景下衍生的慕课等新兴授课方式在少数民族地区未能及时引进与使用,这在某种程度上又拉大了少数民族地区与其他地区的差异。

不足的资源背景在某些层面上限制了畲族女性的进一步发展。

(五)教育内容设置缺少合理性

女性学校教育不单单是传递知识的过程,同时也希望通过接受教育,让每个畲族女性可以成为一个独立的个体,在自己热爱的行业里发光发热。畲族女性学校教育内容设置缺少一定的合理性,主要体现在职业教育内容

---

〔1〕 符依:《精准扶贫背景下少数民族义务教育资源配置现状及对策的研究》,载《时代金融》2016年第14期。

的欠缺和对心理教育的不足。

国家建设需要接受过良好职业技术教育的技术人员和管理人员。优秀的职业教育是将科学技术转化成现实生产力的桥梁。作为中国教育重要组成部分的职业教育，不仅能够实现人力资本的快速转化，提高劳动者的素质，更能促进地区经济的繁荣和发展。在经济升级、产业转型的时候，中国的教育结构不合理会越发凸显，这个不合理在教育目的上的主要表现就是重理论型、学术型人才培养，而轻视技术、技能型人才培养。而且这种不合理不仅是存在于高等教育阶段，而是可能存在于中国教育体系之中。

例如畲族女性学校教育，很少有学校会开设编织刺绣课或其他技能课程，无法在供畲族女性学习民族文化之余，对其课余的职业技能进行培养。畲族地区教育结构以及整个中国大环境下的教育结构不够合理，在一定程度上制约了畲族女性学校教育的持续、连贯发展。

一些畲族女学生中存在缺乏主体意识，进取精神淡薄，把自身未来寄托于家庭或他人的不良倾向，这主要与传统文化习俗及不正确的教育有关。此外，一些学生，对于自身价值看轻，自我意识差，遇事躲避退缩，意志力不坚强。这主要是由于其受封建思想的影响较重，见识面窄等原因造成的。此外，某些身体不适，如疲劳、生理期、健康状况不良等原因，也容易促使意志较薄弱的女生产生心理问题。

这就要求少数民族地区应重视对女学生的心理健康教育，对于女性学校教育，不仅在于知识传授，更需要注重素质的培养，其中尤其需要重视女性心理方面的教育。这方面的问题都要从学校层面先普及抓起。

畲族女性在慢慢接受更广阔的教育时，可能会产生心理上的落差或者对外在环境的不适应心理。接触的世界越广阔，可能给畲族女性带来的隐性心理压力也会越大。学校需要开设相关的心理课程并且配备专业的心理教师去消解这部分的心理压力。虽然越来越多的学校都开始注重心理课程开设，但是少数民族学校需要意识到教育对象的特殊性，应该开设对于女性更具有针对性的心理课程或者是心理辅导。

另外，教师也应该秉持因材施教的原则，不应该只重视分数的高低，应把学生的学习态度、努力程度、特长同样作为评价的重要标准,重视学生的多方面发展。当学生取得进步时,要及时给予表扬和鼓励,使他们经常体验到成就感和学习的喜悦,逐渐建立自信,解除自卑感。引导学生正确地表达和表现自己也是一个很重要的心理健康建设过程。

在发展过程中,畲族女性学校教育仍存在非常多的问题,为了促进东南地区畲族女性学校教育健康持续发展,我们需要在解决问题的同时,加强对女性教育的扶持。其中,尤其应该加强小学到高中的女性学校素质教育。联合国儿童基金会曾提出:“投资今天的女孩,明天的妇女。”重视投资未成年女性的教育是人类社会发展到今天对促进社会性别平等、社会发展的明智之举。

第四章　畲族女性学校教育发展层次分析和建议

研究畲族女性学校教育发展层次,可从学校教育结构入手,既要关注各阶段性的教育,也要关注不同的教育性,即教育结构中的纵向结构和横向结构。纵向结构是指各级阶段性教育结构,如畲族女性在学校体系内进行的学龄前教育、初等教育、中等教育、高等教育。而横向教育结构如高等教育、职业教育等是指各个教育阶段中不同类型的教育形式。纵向、横向结构中最为突出的三个层次是义务教育、职业教育和高等教育,这也是教育之于民族发展最为关键的三个教育层次。义务教育,从根本上提升畲族女性的文化水平;高等教育,培养各学科优秀人才;职业教育,培养实用型应用型人才。可以说,畲族整体的教育情况以这三个教育层次为核心,其发展程度如何也从某种程度上决定了畲族社会当下的发展与可持续发展。

第一节　畲族女性义务教育普及情况分析和建设

随着畲族地区参与国家改革和经济的发展,教育情况也发生了莫大变化。特别是义务教育的确立和普及,使部分落后畲族地区的教育焕然一新。畲民人均受教育水平的提高、文化素养的提升,一方面进一步推动了当地经济的发展,另一方面为推进城镇化进程创造了条件。

从广东省东源县漳溪畲族乡上蓝畲族小学、惠州市博罗县嶂背畲族小学、福建省福安市民族中学、霞浦县民族小学、浙江景宁红星小学、景宁民族中学、遂昌县三仁畲族乡中心小学、龙泉市竹垟畲族乡中心小学的调查来看,东南地区绝大多数的畲族家庭中,义务教育基本实现了全覆盖,女孩都有机会享有义务教育。以景宁畲族自治县为例,2019 学年景宁畲族自治县义务教育段少数民族学生 2270 人,其中少数民族女生 1130 人,入学率 100%〔1〕。

在办学历程中,福建的县、乡村级民族小学的创办先后受到了党中央及地方党政、教育、民族部门的政策照顾。

以福安民族实验小学为例。福安市民族实验小学的前身是坂中仙岩民族小学(属坂中学区的一所完全小学),位于仙人峰半山腰的仙岩村。1952 年 8 月,由福建省教育厅拨付专款,建仙岩民族小学校舍一座,创办仙岩民族小学。仙岩村是纯畲族人口聚居村,1980 年行政村管辖有 4 个自然村、120 户、总人口 600 多人、学龄儿童 70 余人。1980 年春季以前,在校小学生 50 余人、教师 4 人。20 世纪 80 年代福安的畲族人口占全省畲族总人口超过 25%。福安县教育局根据畲族多、山区多的县情,从 1980 年秋季起强抓这所民族小学的办学工作。1980 年 9 月起,仙岩小学用 5 年时间逐步乃至完全改变了原来的后进办学面貌,学生从 62 人发展到 555 人、寄宿生从 0 人发展到 418 人。

1983 年 9 月,中共福安县委、县政府决定对少数民族地区教育采取特殊政策,以促进"老、少、边"地区普及初等教育的发展。接着,由福安县教育局主持,在仙岩民族小学召开现场会议,贯彻落实少数民族地区初等教育的具体措施,使该校驶入发展的快车道。1985 年 11 月,福建省教育厅研究决定将"福安坂中仙岩民族小学"改为"福安民族实验小学",并通过 1986 年第 1

---

〔1〕 数据来源于景宁畲族自治县民族宗教事务局提供的材料,特此致谢。

期的《福建教育》向全省公布了这个命名，从此仙岩民族小学就成为福建省第一所“民族实验小学”。同年，学校被《人民日报》誉称为“畲山教育的明珠”；1988年中央国务院授予学校“全国民族团结进步先进集体”荣誉称号。1990年改名为“福安市民族实验小学”。

1991年学校有9个教学班（一、二年级各1个班，三、四年级各2个班，五年级3个班），在校生359人，教师23人，专任教师21人；当年毕业97人，招生33人。由于学制的变化，完全小学由五年制改为六年制。因越来越多的儿童随父母外出务工与创业而在城市与乡镇就读，到2015年学校虽有6个教学班（一至六年级各1个班），但师生人数却较以往有所减少，尤其是学生人数减幅显著。在校生仅103人，其中女生48人，少数民族学生85人；共有寄宿生61人，其中女生31人；2015年毕业生19人，但招生仅有14人，由此可见学生人数逐年递减。另外，由于班级减少，师资队伍人数较以往也有所减少，教师仅15人，其中专任教师14人，本科学历1人，大专学历13人。学校校园面积6408平方米，建筑面积2473平方米，设有电脑室、实验室、图书室、多媒体教室等。

由于该校教学管理成绩突出，尤其是民族教育方面，获得了许多上级的表彰与奖励。学校1983年被评为福建省“民族团结先进集体”，之后又先后八次荣获国家、省、地、县（市）的“先进集体”“文明单位”荣誉称号，连续获得十届宁德市“文明学校”的桂冠，以及福安市“素质教育先进校”、福安市“平安校园”、福安市“农村示范小学”、福安市“民族教育先进集体”、福安市“德育先进校”“平安先行学校”等荣誉称号。1988年4月，陈春强校长荣幸晋京出席国务院召开的“全国民族团结进步先进集体先进人物表彰大会”，是福建省仅有参加国务院颁、领奖大会的一所学校。表彰系列活动为期6天，主会场设在人民大会堂，正式出席表彰大会的学校有3所，通过文件表彰的8所，受表彰的全国共有11所学校，中共中央政治局全体常委和参会代表合影留念，原照片长1.5米，题为“中央领导同志接见全国民族团结进步先进集体先进人物表彰大会合影”。

2010年该校又荣获福建省“义务教育标准化学校”称号。《人民日报》

《中央电视台》《民族画报》《光明日报》《中国教育报》《福建日报》《福建人民广播电台》《福建电视台》《福建教育》等新闻媒体，都曾报道过民族实验小学的办学业绩；被收编入《中国教育大辞典》《福建小学名校》《宁德地区教育志》；香港的外文版报刊也介绍过福安民族实验小学的办学情况。师生们还受到全国人大常委会、国家民族事务委员会、教育部、福建党委、福建省政府、福建省教育厅、福建省民委、福安县委县政府主要领导的多次看望。

福安市民族实验小学的办学举措与成效主要有：

首抓教师的教学、管理、服务“三育人”转变。提倡爱岗敬业、热爱学生，公平对待学生，不歧视“双差生”，关心学困生和贫困生，做到不放弃一个适龄孩子。从1981年至1989年9年的学龄儿童入学率、普及率和在校生巩固率保持100%。1984年新扩建校舍，仙岩村还没有通公路，就发动当地干群投义务工、全体教师和中高年级学生徒步上下山挑沙、扛钢筋等建筑材料，用一个学期时间建起一座钢混结构两层四间教室的新教学楼，缓解了严重缺教室问题。1985年秋季起学生人数控制在555人（其中寄宿生418人），有10个教学班（其中一个“县重点复式教学实验班”），教职工发展到22人。生源来自福安县内的16个乡镇和霞浦、寿宁、柘荣、泰顺等外县。

从某种意义上来说，艰苦的工作环境能促使人奋发图强，能锤炼人们追求进取的意志，也能成就教师自身的才干。经过20世纪80年代民族实小工作锻炼出来的年轻教师，先后有阮芳萍、陈秦、钟建平、黄萍4人被提拔到其他学区任副校长，有王雪、薛亚芳、陆玉金等被提任为学区教导主任，他（她）们占教师总数的1/3。学校被福安师范指定为师范生的“教育实践基地”。

二抓以推广普通话为突破口提升教学质量。1981年仙岩民族小学在县内率先开展了全校性的推广普通话活动，把“推普”列入师生“五讲四美”重要评比内容。经过3年坚持不懈的举办“新生普通话辅导班”、开设“普通话日常用语专栏”和建立“推普”监督岗，强化了“推普”工作，1983年学校形成了全体师生人人处处讲普通话，学生家长到校也会自觉讲普通话的“推普”办学特色。从而解决了汉族教师与畲族学生之间因民族方言差异而造成的情感与交流障碍问题，提高了课堂授课效益，规范了师生的教学和日常用语，开发了学生的智力潜能，提高了大面积的教育教学质量，也有力地促进了学校精神文明建设。1981—1985 年仙岩民族小学仍属坂中学区的完全小学，每届毕业生参加学区“统考”都有学生成绩名列榜首者，1982 届毕业生数学科初考平均成绩名列全县小学第八名。1983 年学校被福建省民委评为“福建省民族团结先进集体”，校长出席了省表彰大会。学校 9 年间共培养出 579 名高小毕业生，初招考试平均录取率达 92%。

学校的“推普”成效受到了国家、省、地、县党政、新闻媒体、教育和民族部门以及新加坡来宾的高度认可和赞扬。1988 年学校被评为“福建省推广普通话先进集体”，校长荣获省“推广普通话积极分子”称号。

三抓开展第二课堂培养学生个性特长活动。为了能在师生人均校园校舍面积 0.7 平方米的校园里建立起和谐有序的办学环境，学校按照学生各自的爱好和特长，组织了 18 个“第二课堂兴趣小组”。通过课外“兴趣小组”活动，有效弥补了学生第一课堂的学习不足，培养了学生的知识技能和个性特长，同时也有效建立起学生和谐团结相处的氛围，规范了窄小校园的活动秩序。1986 年秋季《人民日报》记者经过来校采访后，用大半个版面的篇幅、以文字和照片的形式，刊登介绍了民族实验小学的办学情况，冠称福安民族实验小学为“畲山教育的明珠”。

四抓外乡村籍学生在校寄宿制。由于外乡镇学生的不断增加，而他们绝大部分是属于因学习基础差而求学的。学校为了加强管理和“培优转差”，从 1983 年起创办寄宿制，提倡全体师生们要艰苦奋斗、勤俭办学。创办寄宿制初期，上级拨给每月 5 元“搭伙费”，先由教师起早贪黑给学生煮饭菜，后来做到聘用炊事员。从 1986 年起在校寄宿生持续有 410 人左右（当时的寄宿生人数在福安仅次于宁德地区民族中学），因为寄宿生年龄小，为了帮助他们养成勤俭节约和合理花钱的好习惯，学校还定期召开“小小运动会”，举行钉纽扣、缝衣服、叠衣物、叠被子、穿衣等比赛，培养学生的生活自理能力。学校对学生的管理工作做得很到位，所以自办寄宿以来未发生过一起安全责任事故。

五抓课堂电化教学和复式教学实验。学校逐步逐期增添教学新设备，不断把先进的电化教学手段应用于各班级课堂。学校按照教育局和进修校的要求，在学生文化基础均等的编班原则下，坚持开设了一个县“重点复式实验班”。1989年“全国复式教学研讨会”在福安召开时，接受了县局与进修校赋予的“复式教学改革实验观摩课”和现场汇报会的任务。11月28日王雪老师给全体代表执教上了一节“二年级数学和四年级语文”的复式教学改革实验电教观摩课，这节课上得很成功，受到了18个省（市）107名专家、学者、教研员、复式教学教师代表们的很高评价，也为全国复式班电化教学工作贡献了一份可借鉴的教学经验，被载入了《宁德地区教育志》。这个“重点复式班”培养出来的学生，后来有雷光华、陈历两个学生分别考取中国科学院、福建师范大学的研究生，获得硕士学位；有钟耀荣等6人考上武汉大学等大专院校。“复式教学”和“电化教学”，在那个农村办学点分散、师资力量不足、没有电子设备的年代，为“教育出人才”发挥不可替代的作用。

为了更好地展开义务教育，更好地保障女性的受教育权利，相关的配套措施也在逐步完善。东南大部分畲族地区都建立了控辍保学机制，进一步规范小学学籍管理，依托学籍信息管理系统建立控辍保学动态监测机制，及时掌握学生辍学动态，落实辍学学生劝返、登记和书面报告制度，避免因贫失学辍学、因上学远与上学难而辍学、因学习困难或厌学而辍学，确保完成教育扶贫控辍保学任务。

一、畲族义务教育能够得到普及的原因

从宏观上看，畲族义务教育的普及主要归功于中国教育机制的改革和政府对于义务教育的投入。

1. 彻底改革教育体制

1985年，中共中央作出了《关于教育体制改革的决定》，规定把发展基础教育的责任交给地方，有步骤地实行九年制义务教育。并实行中央领导、地方负责、分级管理的原则，给予地方充分的自主权。1986年颁布的《义务

教育法》,将义务教育管理体制用法律的形式确定下来。《义务教育法》规定,义务教育包括四个阶段教育,即基本义务教育、高等义务教育、学位义务教育和奇才义务教育。涉及农村义务教育要求明确农村义务教育经费投入,由各级人民政府根据国务院的规定分项目、按比例承担;根据实际需要,国务院和县以上地方政府,都设有专项资金,用于扶持农村地区、民族地区实施义务教育;国务院和县级以上地方人民政府应当保障农村地区、民族地区实施义务教育;国家组织和鼓励经济发达地区支援经济欠发达地区实施义务教育。2012 年,国务院进一步提出要求[1],要考虑到农村适龄儿童少年的需求,使他们可以就近接受良好义务教育。为此,在农村义务教育学校布局上,必须统筹协调考虑,在方便学生就近上学的同时,还要兼顾教育质量的提升。

2. 民族教育政策的驱动

中华人民共和国成立以来,我国共召开了 6 次民族教育工作会议。这体现了党和政府对民族教育工作的重视,6 次民族教育工作会议在不同历史发展阶段,明确了我国民族教育的指导思想、基本理念、战略目标和战略任务,探索了适应少数民族地区发展的教育实施路径和保障措施,为建设少数民族地区,培养少数民族人才提供了重要政策依据。

以福建省为例,1998 年 9 月 15 日,在福建省民族工作会议暨民族团结进步表彰大会上,时任福建省委书记的习近平同志在《深入开展民族团结进步活动共同促进民族地区经济社会全面发展》的工作报告中指出:“要从根本上提高少数民族人口素质,关键在于大力发展民族地区教育。要调动全社会的力量,多渠道增加对民族地区教育的投入,发展和完善民族地区的教育设施,切实改善办学条件。(福建)省直有关部门都要针对我省民族地区教育相对落后的状况,支持少数民族教育发展专项资金,每年集中精力办好一批重点民族小学或寄宿制民族小学,切实提高民族乡村基础教育质量。建立少数民族特困助学金,救助一批少数民族失学儿童。要大力普及九年

---

〔1〕《国务院办公厅关于规范农村义务教育学校布局调整的意见》(国办发〔2012〕48 号)。

义务教育，扩大民族中学办学规模，提高少数民族和民族地区初中升学率。要大力发展各种形式的职业教育和成人教育，为民族地区培养大批合格的各类专业人才。要将职称评定与山区教学期限结合起来，鼓励、支持城市教师、师范毕业生到民族地区任教，扶持民族地区教育事业。要尝试在一些重点中学举办民族班，招收各县的少数民族学生进行培养。要继续做好省内发达地区对民族乡教育的对口支援工作，发动社会捐资助学，实施'希望工程'，开展'手拉手、献爱心'活动，确保少数民族适龄儿童都能够接受义务教育。"[1]

1999 年 10 月，福建省人大通过了《福建省少数民族权益保障条例》[2]，要求各级人民政府应当在师资、财力、物力等方面帮助少数民族发展基础教育、职业教育和成人教育，在安排教育经费时，民族学校应高于其他学校，并在师资力量、教学设备方面给予照顾；同时制定对少数民族考生优先照顾的招生政策；在省属高校和省内中等专业学校举办民族班或民族预科班；在少数民族人口较多的地方，由当地县级人民政府牵头，建立寄宿制小学和民族中学，对家庭生活有困难的少数民族学生减免学杂费，实行助学金和定期困难补助；对教师给予优惠政策。

21 世纪初，福建省委、省政府以及相关部门先后通过有关规定和措施，强化经费保障，在专项资金、生均经费、助学补助上给予倾斜，推动实施民族教育提升工程，让少数民族学生上好学，读好书，为少数民族教育文化事业发展提供了条件和保障。2000 年 6 月，省教育厅与省民族与宗教事务厅在全省民族教育工作会议上，决定将发展少数民族教育事业，列入全省"十五"教育发展的重点，提出采取有效措施，扶持少数民族教育发展[3]。包括加快少数民族聚居乡村兴建寄宿制小学步伐；3 年内为少数民族学校按部颁标准配备补充仪器设备；加大培养少数民族学生的力度；加强少数民族地区师资队伍建设；做好民族困难学生资助工作；做好民族教育对口帮扶工作；健

[1] 具体内容详见《福建民族》1998 年第 5 期。

[2] 《福建省少数民族权益保障条例》，载福建省人民政府网 2010 年 4 月 19 日，https://wenku.baidu.com/view/fbc6f5b2fd0a79563c1e720b.html#。

[3] 肖铮：《福建三年筹措 1800 万元建民族寄宿制小学》，载《中国教育报》2000 年 11 月 9 日。

全和完善民族教育专项督查制度等，推动民族教育发展各项措施的落实。2001年7月，福建省教育厅制定颁布《加快民族教育改革与发展步伐促进民族地区经济和社会快速发展》，2002年，根据《关于基础教育改革与发展的决定》，8月14日，福建省人民政府制定发布《关于深化改革发展民族教育的实施意见》，决定"十五"期间福建省民族教育的发展目标为：发展学前教育，改善民族中小学的办学条件，加快基础教育信息化进程，提高教育质量，促使民族地区学前一年和三年受教育率达到80%和50%，小学适龄儿童都能按时入学，在校生年辍学率控制在1%以下，15周岁以下人口基本都能完成初等义务教育；初中入学率92%以上，初中生年辍学率控制在3%以下，17周岁人口初级中等教育完成率90%，高中阶段入学率接近或达到当地平均水平；青壮年非文盲率达到95%，全面扫除15～24周岁有学习能力的青年文盲。并要求：合理调整民族中小学布局，使少数民族学生占民族中小学在校生数30%以上；少数民族散杂居的县（市、区）要设立民族教育专项基金，并根据当地实际制定少数民族学生的助学金标准；选调一批城镇优秀教师到民族乡中小学任教和支教，选拔优秀学生到省属高校民族预科班就读并定向回到民族地区任教；继续推动省直有关单位和沿海经济发达县市区与18个民族乡、省一级达标中学与民族中学的对口支援工作。

2016—2020年，福建为有少数民族乡的县（市、区）下达省级及以上资金15.7亿元，省级安排2600万元专项资金，扶持民族中小学（幼儿园）改善办学条件，提升办学水平。2017年起，全省义务教育阶段民族中小学校（班）生均公用经费按普通学校的2倍核拨，小学由560元增至1120元，初中由760元增至1520元。此外，对在民族中学和民族班就读的少数民族学生给予初中每生每年1000元、高中每生每年1600元的助学金补助。

畲族女性教育的发展是我国民族教育政策实践成果的重要体现。改革开放以来，中央先后颁布了许多发展民族教育的方针政策和法规，这些都推进了民族地区教育事业的发展进程，成为推动女性教育发展的重要支撑。

总之，民族教育政策的实施，使畲族地区形成了完备的教育体系，办学条件和教学质量得到了明显的改善和提高，为畲族女性接受教育提供了良好的条件。女性接受系统教育，得到更好的机遇，对促进畲族女性群体发展起到了长远影响。

3. 优化办学结构

优化办学结构需要因时所需而采取因地制宜的办学策略调整，从而更好地践行以人文本的教育理念。宁德市是我国畲族最集居的区域，因此该地区的小学采取县办民族实验小学、在畲族人口较多的乡镇中心小学开办民族高小班，在畲民聚居的行政村开办完全小学，在畲民散居的自然村增设教学点以及夜小学、寄宿制小学等，满足畲民教育的就地需求，减少他们接受教育的时间与花费等成本，也规避他们延学与辍学的教育风险。

福安市建立了从幼儿园到高中的民族学校体系，共 22 所学校，其中宁德市属民族高级中学 1 所，民族职业中学 1 所，民族实验小学 1 所，畲族乡中心小学 3 所，民族制小学 14 所，民族实验幼儿园 1 所。畲族学生 12,767 人，占 12.5%。

景宁畲族自治县的幼儿教育始于 1956 年，创办了景宁机关幼儿园（先教育幼儿园前身）。而景宁的畲族小学教育最早源于 1927 年，由时任县长黄强倡导，借慧明寺办学的小学，是景宁的第一所民族小学。该小学设有班级 1 个，有畲族学生 27 人，其中畲族女生 7 人。中华人民共和国成立后在党的关怀下，民族小学教育事业稳步发展。1984 年，浙江省教育厅、省民族事务局在丽水召开全省首次民族教育工作座谈会，促进了民族小学教育事业的进一步发展。景宁畲族自治县成立之后，民族小学教育事业更是飞速发展。1985 年景宁畲族小学生在校数 2682 人，占总学生数的 10.78%。1988 年，全县畲族 7 周岁至 12 周岁的儿童入学率达到 98.64%。1986 年，景宁建立第一所民族中学，校址坐落在鹤溪镇。景宁现有学校普高 1 所，职高 1 所，初中 2 所，九年一贯制学校 3 所，小学 16 所，幼儿园 25 所（其中民办 6 所），培智学校 1 所，成人技术学校 5 所，电大 1 所。为了培训景宁畲族人才短缺的困境，从 2016 年开始，景宁县委、县政府与丽水学院合作，每年为景宁委托培养 2 ~4 名本科生，培养人数与专业纳入当年高考志愿，仅限景宁民族生选报。至2022年已招少数民族民族学、电子商务、旅游管理、环境工程、园林、园艺、财务管理、国际经济与贸易等专业学生14名,其中畲族女生8名,毕业回到景宁当地乡镇工作5人,考上硕士研究生继续升走1人。

为了培养少数民族干部,在浙江省民族宗教事务委员会的大力支持下,景宁少数民族干部培训中心于2019年正式成立,同年11月12日,举行了隆重的揭牌仪式,并首次开班。该班共有50名学员,均为畲族干部,进行为期10天的培训。培训内容分为两部分:一是由来自浙江省民族宗教事务委员会、省委党校等民族研究领域的专家授课;二是现场教学,即学员前往景宁梅岐乡红色基因党性教育基地、上海教学基地等,研学红色精神。

4. 引进或培养合格师资

合格的师资是办好学校的基本保证,畲族教育也不例外。为更好地推动畲族学校教育事业发展,各地纷纷通过举办专科教育和联合培养方式引进或培养合格师资。

丽水师范专科学校民族教育始于1952年。最初以短训班的形式,招收对为高小毕业,或相当于高小毕业的少数民族(畲族)子女,以保送生为主。1952年招生56人,分为两个班,学制1年,培养初小师资。由于历史原因,保送生绝大部分文化基础差,年龄偏大,使教学质量难以保证。按照浙江省民族事务处(省民委)"整顿巩固,重点发展,保证质量,稳步前进"的方针精神,1953年8月,学校被批准由短训班转为民族初级师范,学制定为3年,之后,又改为4年。通过整顿调整,25人因基础过低,年龄较大,家庭缺乏劳动力,难以坚持长期学习,被动员回乡劳动。另有9人自动退学。剩下52名学生又有24人因基础较差重读一年,28人升入二年级。1954年开始正常招生,每年50名少数民族学生,培养初等师范学历。

1956年扩招为100名,招生范围由原来的4个县扩大到杭州、温州、金华3地(市)中的7个县(市),学生民族成分由一个民族畲族增至畲、回、蒙3个民族。为适应少数民族的教育发展,提高少数民族师范师资力量,遵照丽水县"从1958年起逐年增加师资,4年后全部改为普通师范"的决定,1958

年招收100名少数民族学生，使在校的少数民族学生达304人，并分初师4个班，普师两个班，民族两个班，民族成分增至畲、回、蒙、满4个少数民族。

“文化大革命”期间，党的民族政策遭到破坏，1967年学生毕业后，停招。1972年8月恢复招生，体制改为普通中等师范，招收对象是初中毕业的少数民族学生，培养目标为小学教师，学制变为2年。1972年招收少数民族学生85名，1973—1978年每年为50名。1979年学制改为3年，招收数为100名。1981年开始学制改为4年，每年招收少数民族学生80名。学校还针对不同民族地区对少数民族师资的要求，根据学生文化程度，增设数学班、中文班、数理班、民族师范班，学制为2年，发中师文凭。1978年开始招收少数民族大专学生，培养中小学教师。1985年招收少数民族干部大专班34人，中文专业，学制为3年，为地方培养少数民族干部。

2000年开始招收初中毕业、五年一贯制的初等教育专业大专生，每年80名。2003年又增设“思想政治教育”本科民族班，招收少数民族学生40名。丽水师范专科学校民族教育五十多年来，共培养中专层次的少数民族毕业生2850人，大专层次的少数民族毕业生88人，民族成分涉及畲、回、满、黎、蒙古、苗、壮、瑶8个少数民族。他们教坛上忘我耕耘，成为教育工作骨干，硕果累累，不少人还成为民族工作骨干，为当地少数民族教育事业的发展做出了贡献。

景宁畲族自治县的教育一直很不理想。为了扭转这一颓势，景宁县委县政府想方设法引进师资，并成功得到杭州学军中学的全力帮扶，加上社会各界人士的大力支持，景宁最近几年高考成绩频传捷报，2012—2020年，一本线人数实现九连增，其中也有畲族女教师的贡献。据统计，景宁全县现有正式教师总数1531人，其中部分是最近几年引进的，也送出部分到外地示范学校进修，所以师资力量明显增强。全县有畲族教师173人，占教师总数的11.29%，其中畲族女教师96人，占教师总数的6.27%，占畲族教师数的55.49%；畲族干部教师177人，占总干部数的11.56%，全县高级教师236人，畲族10人，占4.24%，全县中级教师711人，畲族93人，占13.08%。

福建在福安师范学校、宁德师范学校办民族师范班，每年招40～50人，毕业后全部分配到畲乡任教；逐年增派公办教师到民族小学，特别是选调优秀汉族教师到畲乡任教；组织各县的教师进修学校举办脱产、半脱产班轮训少数民族教师。

5. 保障教育投入

教育以财政投入为主，辅以其他渠道，这一点在我国是以法律的形式确立下来的，《教育法》和《义务教育法》等相关法律是确保教育投入的有力保障。

20 世纪 90 年代以来，宁德设立专项资金确保畲族教育发展。各地设立贫困地区义务教育专项资金，强调教育经费安排向贫困地区和少数民族地区倾斜。对民族重点小学，统一配备了国家教委颁发的 2 类以上教学仪器设备。筹资争取了邵氏基金，世界银行“贫三项目”贷款，“贫义工程”专款等主要安排在贫困地区和民族地区，支持民族教育基础建设。1999 年年初，福建省教委成立“对口帮扶少数民族和民族地区教育工作领导小组”，召开全省民族教育工作对口帮扶工作会议。省教委与福安康厝民族乡结为帮扶对子，每年安排经费 50 多万元支持康厝调整学校布局、建设新村和资助贫困生；省教委向康厝学区赠送电教设备、图书，开展实用技术培训；并组织几所福州的省级示范小学对口帮扶康厝乡小学。泉州鲤城区出资 80 万元支持帮扶对象霞浦县民族乡水门设立教育奖励基金，为学校配备教学仪器设备，安装语音室、电教室等。长乐市与福安市的三个畲族乡结对帮扶，帮助建设了燕科民族小学以及民族乡小学的新教学大楼。福清市拨出专款 30 万元资助福鼎硖门乡中小学建设新教学楼，并捐款帮助失学儿童重返课堂。同年，宁德地区开始三轮民族寄宿制中小学建设，对 56 所民族寄宿制中小学进行翻新、改建和扩建。福安市教育局投资 20 万元、福建省妇联资助 10 万元，在溪潭乡蓝田村成立蓝田民族春蕾小学；省民族宗教事务厅、宁德市民宗局、福安市教育局总共投资 118 万元将坂中乡中学改建为福安市民族中学，并在其中开办针对初中畲族特困女童的“春蕾班”。福安市教育局、民族宗教局每年各拨款 3 万元补助春蕾班贫困生的学杂费和住宿费，并给予春蕾班学生每月30元生活补助。2004年,福建省加大对民族教育的政策和经费扶持,少数民族地区的义务教育阶段事业发展接近全省平均水平。

2013年以来,宁德累计投入民族学校资金1000多万元,民族学校面貌焕然一新,办学条件明显改善。其中,宁德市民族中学创建省一级达标学校投入资金617万元;畲族经济开发区中心小学改造为民族实验幼儿园投入资金150万元;同时,民族学校各项优惠政策得到有效落实。2013年民族小学的少数民族普通寄宿生生活补助标准提高到每生每学年1000元、少数民族的低保寄宿生生活补助标准提高到每生每学年1200元;民族中学的少数民族普通寄宿生生活补助标准提高到每生每学年700元、少数民族的低保寄宿生生活补助标准提高到每生每学年1450元。并将市民族中学畲族贫困女童初中“春蕾班”助学金标准提高到每生每学年1000元。到2014年,14届初中畲族“春蕾”班共资助了680名畲族特困女童到校就读,至此,福安全市共有3000多名女童受到资助完成学业。

浙江省对于民族教育的投入也逐年增加。根据数据显示,2017年至2019年浙江省政府对民族教育的投入分别为55,347万元、55,621.4万元、55,910.6万元。

6. 对少数民族女性教育权利的保障

教育公平是体现社会公平的重要方面,需要持续推动教育资源更全面更多地惠及全体,以教育公平促进社会公平。不分性别平等受教育是实现社会公平的重要途径。

改革开放以来,我国一直在探索社会平等机制,其中女性各方面权益的保障即重要方面。女性教育路径如何发展,需要首先保障女性受教育权利,并不断完善男女平等受教育的政策,从制度、法律层面保障权利,是推动女性教育发展的主要手段。

1992年我国制定第一部促进儿童发展的《九十年代儿童发展规划纲要》;1996年颁布的《贫困地区、民族地区女童教育的十条意见》;2001年及2011年分别颁布实施的《中国儿童发展纲要(2001—2010年)》《中国儿童发展纲要(2011—2020年)》等。这一系列政策法令强制保障了女童受教育权利。保障女童受教育的权益,为维护女性文化教育普及提供了便利条件,营造了女性平等受教育的环境,为进一步实现“两基”教育目标,推动畲族女性受教育进程起到重要作用。

7. 制定政策,统筹推进民族教育快速发展

各省、市、县先后出台了相应的少数民族教育优惠政策,支持民族教育发展。例如,福建省人民政府为加快推进民族教育发展,于2015年12月25日专门颁发文件[1],指出:到2020年,福建省基本公共教育服务均等化逐步实现,在整体发展水平及主要指标上,民族地区教育要接近或达到福建省平均水平。

第一,在民族教育经费方面继续加大投入力度,支持民族中小学校提高教育水平。比如福建省规定,从2016年至2020年这5年间,省级财政每年将安排400万元专项经费用于民族教育,帮助民族中小学改革教育课程、改善办学条件、发展民族特色教育。对符合《中小学建设项目规划(2016—2018年)》以及《福建省全面改善义务教育薄弱学校基本办学条件项目规划(2014—2018年)》条件的,优先予以补助支持,进一步提高学校办学条件。

第二,加强对家庭经济困难的少数民族学生的资助工作。学生资助政策应加大对经济困难的少数民族学生的支持力度。继续实施面向少数民族学生的助学金制度,标准适当提高。例如,福建省政府发出《关于加快发展民族教育的实施意见》,表明将提高少数民族中学生助学金标准。高中从1000元增加到1600元每生每年,初中从600元增加到1000元每生每年。积极鼓励有条件地方和社会力量,设立助学金帮扶少数民族家庭经济困难学生。

第三,在民族地区教育信息基础设施方面加大投入和建设。仍以福建省为例,对于还没有连接宽带的民族地区中小学,或者民族地区中小学宽带速度低于20M的,福建省推动实现“宽带网络校校通”。依托福建省“优质

---

[1] 《福建省人民政府关于加快发展民族教育的实施意见》(闽政文〔2015〕505号)。

教育资源共享支撑工程”，“班班通”设备将配备到所有民族地区中小学校。基于远程互动教学多媒体教室的建设，实现远程互动教学，推动校际联网与协作交流[1]。

具体到福建省各个地市，也因地制宜地出台措施，大力推动民族教育发展。比如福安市，2014 年，制定了针对民族教育工作“四个一”，即一个核心目标、一个交流平台、一个特色品牌和一个牵手行动的行动计划。在“传承民族文化，推进民族团结”这一核心目标下，各校轮流每年举行一次民族教育研讨会，以交流、展示和提升民族学校。在构建完整的民族教育体系的基础上，积极打造确立各民族学校的发展特色。再如，宁德市民族中学发展民族特色校本课程，福安市民族职业中学发展民族体育活动，福安市民族中学继续发挥“春蕾班”优势；坂中中心幼儿园深化民族文化背景下特色区域活动的实践研究，等等[2]。同时，“牵手行动对子”为推动民族中心学校（或实验学校）与民族村小学（完全小学、教学点）“手拉手”，推进民族村小学工作，提升民族教育整体水平。要求大校每年到所牵手的民族村小学做一次工作指导；开展一次教育教学、师生生活等帮扶活动；给予一定财物支持[3]。

再以浙江省景宁畲族自治县为例，景宁县作为全国唯一畲族自治县、华东地区唯一民族自治县，以“办畲乡人民满意教育”为目标，大力促进民族教育发展。为进一步贯彻落实景宁县委、县政府《关于进一步加强新形势下民族工作深化少数民族经济社会发展扶持工作的若干意见》（景委发〔2014〕16 号），《关于加强少数民族经济和社会事业发展扶持工作的意见》（景民宗〔2015〕9 号）文件精神，2019 年 11 月 20 日，景宁畲族自治县民族宗教事务局颁发了《关于印发〈景宁畲族自治县强化少数民族民生保障实施细则〉（试行）的通知》（景民宗〔2019〕75 号）。少数民族教育、卫生医疗、保险事业、困难补助等方面的保障资金由县年度财政预算和县民族专项资金安排。

---

〔1〕 段留芳：《福建加快发展民族教育　加强民族中小学的民族特色办学》，载 http://edu.china.com.cn/2016-01/13/content_37567848.htm。

〔2〕 郭少榕、刘冬：《校本课程：闽东畲文化的传承创新》，载《广西师范学院学报（哲学社会科学版）》2016 年第 4 期。

〔3〕 林静：《闽东畲族教育发展历程研究》，福建师范大学 2015 年硕士学位论文。

细则第二章“民族教育”第 5 条“实行少数民族大学生奖励政策”：①享受对象：参加当年全国高考之前具有景宁畲族自治县户籍且被 985、211 重点院校、国家民委直属院校、普通本科或者专科录取的少数民族学生；具有景宁畲族自治县户籍或读大学前户籍在景宁畲族自治县，在全日制大学获得硕士、博士学位的少数民族学生。②补助标准：985、211 重点院校奖励金 30,000 元，国家民委直属民族院校（中南民族大学、西南民族大学、西北民族大学、北方民族大学、大连民族大学）奖励金 10,000 元，普通本科奖励金 5000 元，专科 2000 元。获得硕士或博士学位的一次性奖励金 20,000 元。③办理办法：被 985、211 重点院校录取，国家民委直属民族院校录取，提供录取通知书、考生身份证、景宁开户的银行卡。被普通本科或专科录取：提供录取通知书、考生身份证、缴费证明（银行存款小票或学校开具的学费发票）、景宁开户的银行卡。获得硕士、博士学位的提供毕业证书、考生身份证、景宁开户的银行卡。

二、畲族义务教育存在的困难

教育机制的不断优化改革和当地政府对教育事业的重视，未来的义务教育发展将会更加落地，落实到各个地区的角落。而在这一过程中，首先需要解决的是在经济转型阶段，给部分地区本来就落后的义务教育所造成的更为严峻的挑战。城乡教育差距亟待缩小，农村中小学辍学率尚未达标，贫困地区儿童就学问题，以及农村教育投入不足等问题，是义务教育健康发展的短板。

1. 畲族中小女学生接受义务教育仍然存在不少问题

义务教育并不等于免费教育。随着社会整体生活水平的提高，学杂费也呈现水涨船高之势，不少贫困地区的畲族儿童不能继续接受教育，原因是自己家庭没有办法支付学杂费，这主要体现在民族乡初中规模偏小，初中生升学率不高，学生辍学率偏高。因此，贫困地区仍然存在畲族女童上学困难的问题。尤其是不少地区的村办小学或乡办中学，在近几年来被整合，这一定程度增加了学生的上学距离。对于边远山区的同学来说，这极有可能是造成他们辍学的因素之一。

本书课题组访谈"90后"畲族舞蹈非遗传承人雷秀莲，据她告知：

从自己所处的福建省霞浦县半月里村的情况看，全村约350多人，女性将近200人，占比约57%，主要从事务农(40岁以上居多)，学龄儿童现在基本都有上学，无辍学现象，以前比较普遍。97%的女性基本都是小学四年级以下文化水平，其中还有大部分根本没有上过学，剩下3%的主要以小孩为主。随着社会的进步，人们生活水平不断提高，国家对少数民族地区的关照，现在慢慢才使更多的年轻人能接受得了良好的教育。总体来说，目前畲族女性缺少教育问题在慢慢改善，越来越多的畲族年轻女性都能接受教育。

2. 畲族家庭对于女性接受现代教育的观念落后

封建意识在中国农村仍根深蒂固，由于重男轻女家庭的影响，妇女所获得的教育投入是低于男性的，不少农村畲族家长觉得女孩子总会嫁出去，"嫁出去的女儿，泼出去的水""让女孩上学就是给别人家花钱"。在这种想法约束下，许多农村女孩被迫离开学校，从事家庭劳动，导致女性受教育机会的减少。另外，这种女性教育水平的落后现象，又会导致女性更不受重视，甚至受歧视，得不到教育机会。正是在这样的恶性循环下，导致不少畲族农村女性得不到接受正常义务教育的机会。

本书课题组访谈了畲族第一位女博士雷群芳，其现任浙江大学研究员、浙江省政协民族和宗教委员会副主任，据她告知：

总体来说，畲族教育相对于汉族还是比较落后的，高学历畲族人很少，畲族女性更少。每年高考录取的畲族学生少，畲族女学生更少。这与父母的受教育程度密切相关，父母的受教育程度越高，子女接受更高一级教育的可能性越大。能考上大学的畲族女生更多的是城镇户口或家族中比较重视教育的家庭出来的女孩；偏远贫困山区能完成义务教育考上普通高中完成高中学业的女生都很少，更不用说参加高考了。比如，像我们这一代，因为我的父母接受了教育，当了教师，所以他们非常重视我们的教育培养情况，我们姐妹几个都有很好的机会接受义务教育高中教育有的甚至高等教育，但我的很多表姐妹堂姐妹，由于她们的父母几乎都是文盲，所以对子女的教育就觉得可有可无，所以我的表姐妹堂姐妹有的只有小学毕业能正常接受高中教育的几乎没有。因为她们并没有体会到受教育的好处，所以对她们的下一代的教育也并不重视，她们的下一代中能坚持读到高中毕业的都是有想法的女孩，能继续接受高等教育的只有少数几个。

3. 畲族女性受教育者自强意识相对薄弱

部分畲族女性学生失学原因，除了家庭的经济压力以外，还有很大一部分是因为孩子本身就没有上学的意愿。很多畲族农村女孩，一出生就被持续灌输着“女不如男”的想法，不知不觉中造成她们自己本身就没有强烈的学习动机与学习主动意识。于是不少人年纪很小的时候就辍学在家，帮助家里，并且认为这很正常。

本书课题组成员在福鼎市沙埕镇小白鹭乡访谈了畲族妇女蓝爱英。她就提到：

在我们小白鹭，和我这个年龄（45 岁左右）一样的妇女就没有几个读过书的。小时候家里穷，家里还有好几个兄弟姐妹。条件好一点的家里一般也先送男娃去读书，但也读的不多，小学没毕业就跟着长辈下海捞鱼。女娃子读书的就更少，几乎就没几个。但那时候也觉得无所谓，反正大家都没读书。不像现在，只要条件过得去，一定要送孩子去上学，要不然就跟我们一样，连“阿斗”（傻子的意思）的“斗”也不会写。

4. 畲族部分偏远地区义务教育质量不高

由于历史上积贫积弱的原因，大部分的畲族聚居在穷乡僻壤的偏远地区。社会经济发展落后，交通极为不便，虽然国家积极的扶持，但这些地区的师资力量相对较差，难以引起学生学习的兴趣，勾起她们对未来美好的畅想。教育资源缺乏，义务教育质量不高，学习对于孩子是一种物质生活外的负担。不少孩子选择放下书本，重新回到农村生活中去。

本书课题组访谈得知上述情况得到畲族女性的普遍认同。畲族女性义务教育质量不高的主要原因如下：一是民族地域环境的影响。畲族居民历代居住的环境多处较为偏远的落后贫困山区地带，基础设施极为落后，与外界的交流少，对新时代新事物的认知程度较低、接受能力较低。二是家庭传统思想的束缚。传统社会对女性的偏见一直存在，特别是在落后的农村表现得更加突出，很多家庭会把受教育的机会优先给男性，重男轻女现象依然存在。三是女性自身观念落后。受传统家庭教育观念的影响，很多女性也认为自己不用接受学校教育。

5. 部分地区义务教育投入不足

义务教育在中国教育发展中处于重要地位。但由于义务教育在全国范围内基本普及，教育的发展方向正在逐步调整。所以，近年来，高等教育和非义务教育一直是教育投入和资源配置的重点。而为了减轻教育投入对地方财政的压力，许多地区都合并了以前的村办小学或乡办中学。

义务教育的目标是百分百全覆盖，而以上的种种问题都是干扰义务教育在畲族地区全覆盖的重要问题。若是连义务教育都无法落实到每个畲族女孩，那更别说其他的学校教育了。义务教育之于畲族女性最重要的意义是公平，是相对于男性的公平、相对于其他民族的公平。教育公平是教育发展的目标诉求之一，也是促进社会公平和构建和谐社会的重要选择。义务教育旨在追求教育均衡，相关学者们对这一概念有不同解读。

有部分学者认为教育均衡是公平和效率之间的平衡。比如，丁亚东和薛海平通过“囚徒困境”模型，解释公平和效率怎么在义务教育发展过程中实现协同均衡发展。此外，值得注意的是程天君强调教育公平的关键是机会公平。

也有学者认为“供需均衡”是义务教育均衡发展的内涵之一。比如，王建容等人认为义务教育作为一种公共产品，它的均衡发展应该是社会大众对它的需求量与有关部门的供给量大致持平，供需双方都得到满足。

不管是何观点，都认为义务教育均衡发展应该受到重视。近年来党和政府对义务教育的均衡发展格外注重。不仅教育部积极推动针对义务教育的督导评估机制建设，地方政府也持续加大义务教育的财政投入力度，促进我国义务教育的均衡快速发展。

然而，目前畲族县域范围内的义务教育均衡发展主要体现在教育公平，且水平不够高，能保证青少年受义务教育在同一起跑线并且能享有最基本质量要求，却无法满足民众对高质量义务教育的需求。党的十九大明确提出，当前我国社会的主要矛盾是经济社会发展不平衡不充分和人民群众对美好生活需要之间的矛盾。这一矛盾在教育领域则具体表现为学生家长日益增长的对高质量教育的需要和教育质量不平衡不充分的发展之间的矛盾，体现在义务教育方面即是高质量的义务教育需求同义务教育质量不平衡不充分之间的矛盾。

因此，在推进义务教育均衡发展的过程中，应当更加关注教育资源公平及结果公平，不断推进义务教育实现真正的群体均衡发展。

三、畲族义务教育制度的完善

义务教育是我们一以贯之必须坚持的，而农村学龄女性的教育应成为下一阶段普及义务教育的关键环节。与义务教育的普及一样，农村学龄女性的义务教育也牵涉到诸多方面，我们必须从各个方面入手。畲族女性义务教育也逃不开这些方面。针对上述存在问题，本书课题组认为畲族女性义务教育可从以下三个方面进行完善。

1. 确立义务教育均衡发展的教育理念

邓娜认为,确立义务教育均衡发展的教育理念是促进义务教育均衡发展转变的基础与前提[1]。关于如何确立畲族女性义务教育均衡发展的教育理念,我们可进行以下三方面的工作。

一是政府层面。首先,相关部门应将教育资源的过程公平同样作为基本教育目标,突破传统维度,即不再仅将教育结果作为唯一考评依据的标准。其次,关注畲族女性的个性发展、素质培养、潜能开发等,促进应试教育向素质教育理念的转变,重点要突出对畲族女性个性、素质、潜能等综合能力的培养。最后,坚持不懈推进素质教育,关注畲族女性全面均衡发展。

二是家庭和社会观念的变化。一方面,我们力求消除落后思想和封建旧观念的影响,尤其是畲族农村,需要尽快去除那些重男轻女的落后思想,才能拓宽广大农村畲族女性的生存与发展空间。具体实施措施可以是:精准支援或帮扶那些在接受教育方面存在困难的家庭,并在必要时采取法律行动;农村女性就业问题应得到政府相关部门的关注,打消家长对女孩就业的疑虑和困惑;借助网络、广播、电视等多渠道,加大宣传义务教育,对优惠政策进行宣传,推动家长及学龄女性积极转变观念,最终认可并接受义务教育。另一方面,动员社会力量,形成推动农村义务教育事业发展的合力。教育是立国之本,义务教育是国家教育的根基,是关系国家命运的大事。除政府主管部门切实负责外,社会各界也不能袖手旁观,应当给予充分重视。要扩大义务教育发展渠道,如对口支援、教师城乡交流、公益捐献等,都是动员最广泛的社会力量、关注农村女性义务教育的好方法。这方面工作比较具有代表性的,就是1989年发起的"春蕾计划"。2019年10月10日中国儿童少年基金会发布的《"春蕾计划"实施30年成果报告》显示,"春蕾计划"累计筹措社会爱心捐款21.18亿元,在全国资助春蕾女童超过369万人次,捐

---

[1] 邓娜:《谈义务教育均衡发展方式的转变》,载《文教资料》2018年第25期。

建春蕾学校1811所,对52.7万人次适龄女性进行职业教育培训[1]。

三是畲族农村女性自身也应改变观念。首先,应当扭转以往的落后观念,树立女性自信。在笔者所做一项社会调查里,对象是畲族农村女性,调查结果显示,有50%以上的女性感到自卑,只是因为自己是“畲婆”,这是在落后观念潜移默化的结果。畲族农村女性,首先要做的就是扭转这种自卑心理,清楚地认识到自己也有平等接受教育的权利。在当今社会中,畲族女性在社会中发挥着越来越大的作用。在各党政机关、群众团体以及教育界、科技界、文艺界、新闻界、出版界、卫生界等领域,都活跃着畲族女性的身影。通过持续推进义务教育均衡发展,畲族女性一定能够起到更大的社会作用。

2. 建立扶持义务教育均衡发展的政策体系

科学合理稳定的政策体系,是促进义务教育均衡发展的重要保障。基于我国义务教育的基本现状,围绕着建立扶持其均衡发展的政策体系,主要开展以下两方面的工作:

一是建立符合教育现状,公平规范的义务教育资源配置制度。如通过提高薪资、提供住房、保障教师子女就近入学等政策,努力实现教师资源的优化均衡配置。此外,应使用财政支持来促进各个地区,特别是那些城乡地区不发达和欠发达地区的学校基础设施建设。二是建立相应的政策扶持机制。依照法律、法规和相关政策制度,规范义务教育活动,比如规范师资配置标准,建设学校教育的软件和硬件,保障资金投入等举措,致力于促进义务教育均衡化。畲族女性的义务教育实施主要在偏远的乡镇学校,学校大多资金不足,对于义务教育的政策扶持、资金扶持需要监督落实到位,才能为义务教育打下坚实基础。

此外,应加强对农村妇女,特别是少数民族妇女的义务教育的法律保护,并应加强对不遵守有关义务教育法律法规的处罚。比如对于法定监护人违反义务教育法的现象,《未成年人保护法》第53条对此规定了法定措

---

〔1〕 叶晓楠:《“春蕾计划”托起人生梦想》,载《人民日报(海外版)》2019年10月11日,第2版。

施，即撤销其监护人的资格。但是，即便监护人被撤销了监护资格，也应继续依法提供抚养费用。在现实中，由于社会各方面因素影响，导致措施实施的力度不够，实际上尤其在保障适龄女童受教育权方面，法律的效果受到限制。可喜的是，当前不少相关法律条文对于女性教育给予了关注和重视。如《妇女权益保障法》第四章“文化教育权益”第35条专门规定“国家保障妇女享有与男子平等的文化教育权利”。

在政策体系的落实过程中，还需要对偏远落后少数民族地区的义务教育落实情况应给予更大的关注，建议由相关专门教育小组进行摸排，负责监督偏远落后少数民族地区女性受教育问题，因为法律的生命在于执行。

3. 重点帮扶义务教育中的弱势群体

影响义务教育均衡发展的重要“短板”是弱势群体，要实现充分、有效的高质量教育供给，针对弱势群体开展义务教育精准帮扶势在必行。基于对2000年和2010年两次全国人口普查数据的分析，孟大虎等人发现：平均受教育年限最低的群体是农村少数民族女性。孟大虎等人进而提出相关对策，包括对农村少数民族女生加大支持和补贴力度，在巩固的基础上提高农村少数民族女生义务教育普及度，以及使她们接受高中教育的机会逐步增加，等等。考虑到畲族女性群体大多也为身处农村的少数民族女性，参考其提出的具体策略，推动义务教育资源在畲族女性群体的均衡发展，主要包括以下几点：

首先，帮扶重点是畲族留守女童。全覆盖是义务教育的均衡发展的要求，作为义务教育中的弱势群体，要积极收集、备案农村留守儿童信息登记，努力确保所有留守儿童都可以纳入邻近学校的义务教育范围，保证学龄儿童的义务教育权利。农村女性教育这一薄弱环节，理应是教育管理的重点，编制农村妇女接受义务教育档案，并监测其受教育情况，保证农村女性义务教育权利。

其次，重点帮扶父母进城务工的畲族女童。根据各种情况对症下药，制定有针对性的政策，逐步消除农民工子女就学的障碍，为这些农民工子女上学打开便利通道，以确保这些孩子成功接受义务教育。

最后，重点帮扶后进女生和贫困女生。教师要摆脱传统的思维定式，即以学生的学习成绩论英雄，要注重教师整体素质与知识结构的提高，并引导他们关注成绩欠佳的学生和贫困学生的身心发展。努力使每个女孩都能有效地接受义务教育，感受到老师的关怀和照顾，培养她的感激之情和自我激励，从源头上提升国民整体素质。

义务教育均衡化发展，不是一味地追求地域和校际间平衡发展，是要适应于当地经济发展程度的均衡化发展，是兼顾各地差异和特色的均衡发展。

本书课题组经过大量的问卷调查与焦点小组访谈，赞同孟大虎等人的真知灼见。实际上，虽然说义务教育的发展要适应于当地的经济发展程度，但教育的均衡化发展并不等同于地区经济发展，相反，我们应该搁置地区经济社会发展差异，追求地域和校际间平均发展，加大对弱势地区的教育发展扶持力度，建构扶持体系，帮助学校办出特色，帮扶学生，让其不输在起跑线上，从而真正实现教育的均衡发展，每个人能够通过教育公平成长为最好的自己，提升中华民族的整体素质，为成功实现“两个一百年的梦想”积蓄智慧力量。

第二节　畲族女性高等教育情况分析和建设意见

自1998年以来，全国大学的入学人数急剧增加，主要原因之一是高校扩招。根据一项调查，1998年，全国普通高校中大约有780万学生在读。截至2021年年底，各种形式的高等教育在学总规模4430万人，高等教育毛入学率57.8%。更多学生因高校扩招圆了自己的大学梦，同时也推进着高等教育公平进程，这是中国特色社会主义教育事业的一大胜利，是令人欣喜的现象。另外，在高校扩招的同时，大部分高校会有少数民族的招生计划，预留部分专业的班级名额，让少数民族和汉族一起学习生活，为少数民族的学生提供接受高等教育的机会。

以丽水市为例,丽水学院是景宁畲族自治县所在市即丽水市唯一一所本科院校,丽水学院2015年民族预科转入分专业计划为文科53人,理科74人,2016年及2017年民族学专业定点招收景宁畲族学生2名;2018年及2019年丽水学院电子商务专业和旅游学专业,分别定点招收景宁畲族学生各1名。

虽然有越来越多的畲族学生登上高等学府的殿堂,但是就畲族整体民族而言,高级专门人才仍然缺乏,而高等教育是培养这部分人才的基地。要想迈好民族经济发展的步子,必须依赖高等教育的发展。一个国家要想成为经济大国甚至强大的国家,需要有大批的高级专门人才作为支撑。透过发达国家的发展历程,我们可以看到:发展经济必须教育先行。几乎美国所有总统都一再强调教育的重要性。克林顿时提出,为了使美国在全球经济中保持领导地位,它必须首先保持其在教育领域的领先地位,并确保18岁以上渴望上大学的人,都可以进入大学继续他的学业。奥巴马上台后,反复强调科学技术教育,工程和数学的重要性。他认为,美国未来繁荣的重要基础,就是高水平的科技、数学以及工程教育。只有教育比别人强,竞争力才能比别人强。英国前首相布莱尔上任时强调,在他的领导下,英国政府的主要任务是教育。再次当选之后,他补充说,教育仍旧是这一届任期的主要任务。第二次世界大战后,日本正等待复兴。在那个时候,对振兴国家应该重视什么,朝野之间存在很大分歧,而日本最终选择了教育兴国。日本前首相福田赳夫在谈到日本经济发展的原因时说过,日本作为一个资源有限的国家,经历了重重考验并在短时间内取得了巨大成就,原因在于日本国民教育水平和教育的高度普及〔1〕。印度虽然是发展中国家,但也十分重视教育的力量。清华大学经济管理学院钱颖一教授在谈到接触人才时曾提出,印度教育的平均水平肯定不如中国,但是他在出现突出人物方面比中国显著。全球著名商学院中,哈佛商学院、芝加哥商学院、康奈尔商学院、华盛顿商学院的院长都是印度裔。全球著名大跨国公司中,微软、百事、万事达卡的CEO也是印度裔。

---

〔1〕 梁忠义:《战后日本教育与经济发展的关系》,载《世界经济》1980年第8期。

由于历史原因,科技落后、人才奇缺曾一度阻碍了我国经济社会的发展,产业结构不合理,主要是劳动力密集型产业,科学技术贡献率不到40%。“十二五”以来,我国科技进步贡献率已增加到55.1%,科技创新能力显著增强,正步入跟跑、并跑、领跑“三跑并存”的历史新阶段。但是与主要发达国家相比仍有不小差距。高级人才和先进的科学技术是这些发达国家最主要的依靠。如英、美、日等国,其科技进步贡献率都在70%～80%以上。所以,我们只有继续发展高等教育,才能迎头赶上甚至超过发达国家,改变我国在高新科技方面落后于发达国家的现状,才能涌现出大批拔尖创新人才,才能促进先进的民族发展,才能增强国家综合实力。

随着国家经济的发展和高等教育大众化,畲族女性也获得了更多接受高等教育的机会。推动畲族女性接受高等教育不仅有利于她们自身实现社会地位的提高,还有利于促进民族地区经济发展,实现民族间的协调发展,推动更快达成全民小康的战略目标。

2000年第五次全国人口普查时,中国少数民族人口中共有女大学毕业生1,040,795人,其中专科生708,909人,本科生318,729人,研究生23,215人。一定程度从侧面体现出目前畲族女性接受高等教育的机会比之前多。但是中国女性高等教育呈现出的特点是专业程度和学历层次越高,女性所占的比例就越少;与全国接受高等教育的总人口相比,女性高学历人口的比例偏低。因此,虽然女性高等教育在发展,但是作为少数民族的畲族女性高校教育的发展会更为缓慢,下至部分贫困地区,畲族女性大学生的数量就更少。

以福建省南安市码头镇的畲族村为例。码头镇山多地少,交通不便,但是却拥有4个畲族村,分别是坑内村、丰美村、丰联村和铺前村。2010年前后,铺前村的本科生数量是这4个畲族村中最少的,仅仅是个位数,就连能上专科的也极少。相比铺前村,另外3个畲族村情况稍微好点。2015年,不仅本科生的数量在4个畲族村持续上升,而且村里还出现了拥有研究生学历的学生。以2017年为例,仅坑内村一村,就有研究生2名、本科生9名。这一变化的出现主要还在于当地经济的发展。以前当地村民的教育观念存在误区。不少村民坦言,学生辍学后出去打工,能为家中减轻生活负担。随着当地经济的改善,畲族群众初步实现小康之后,开始重新审视教育的价值,家长功利性的教育观发生了重大改变,普遍加大了对子女的教育投入,初中辍学现象基本消失。即便是成绩不好升学无望的学生,一部分家长也愿意在他们完成学业后,到职业学校继续学习,希望让孩子有一技之长。

在经济环境逐渐改善之后,我们对于畲族女性的高等教育发展应分为两个层面的发展:一是量上的发展,即让越来越多的畲族女性参与、接受高等教育;二是质上的发展,这是在实现"量"基础上的不断优化。利用高等教育去促进畲族女性的全面发展,而不是简单的镀金拿文凭。

一、畲族女性高等教育存在的问题

高等教育相较于义务教育,其门槛较高。从实际层面上和畲族普通家庭视角来看,高等教育亟待突破如下"瓶颈"。

1. 学费的压力

近年来,我国高校学费呈上涨趋势。1995 年,大学学费在 500～600 元,1997 年全国普通高校生人均学杂费标准为 1589 元,我国高校学生收费改革从 1990 年开始至 1997 年完全并轨。2018 年为 6000 元左右,再加上日常生活费,平均供养一个大学生,一个家庭一年需要支出 1.5 万元左右。按 2018 年全国农村居民家庭人均可支配收入 27,302 元计算,供养一个大学生,需要一个农民将近半年的纯收入。所以,这笔费用对于那些地处偏远且经济落后的畲族家庭来说,不啻为一笔高额支出,这也是阻碍畲族女性接受高等教育的原因之一。人们重视教育成本与效益的精算,重视教育结果的使用价值。

2. 资助体系的不足

由于入学人数增加,因此,面临家庭经济困难学生数也在上升。据国家有关部门 1996 年的调查统计,在校大学生中,贫困大学生有近百万人,其中,特困生占30%。据中新网2002年调查显示,中国高校贫困生为300万人,2005年全国贫困大学生有405万人。2012年以来,我国实施教育精准帮扶,大力支持贫困地区教育发展,构建完善的家庭经济困难学习资助政策体系,10年内累计有514.05万名建档立卡贫困学生接受高等教育。但是城市贫困生数量增多这个新变化仍旧不容忽视。基于学费便宜、毕业后工作相对稳定,可减轻家庭负担等因素驱使,家庭困难的学生会更多选择师范院校。以赣南师范大学为例,它处于畲族族居区,该校贫困生比例高达50%,即使学校用尽浑身解数,在资助贫困学生方面仍感觉有心无力。究其原因是:一是资助体系较为单一,虽然高校已经形成奖学金、学生贷款、勤工助学、特殊困难补助和学费减免为主体的资助体系,但是助、减、免的名额一般供不应求。二是资助力量不足。以往社会资助资源更多地集中在985、211院校,现在则向"双一流"大学倾斜,但是少数民族较集中的地方,本身没有足够的经费帮助更多的贫困生,而且缺乏足够的社会资助。

3.对资助政策不了解

少数民族贫困大学生家庭和个人在进入高校学习前,对资助政策了解相对比较少,甚至不少学生和家庭完全不知道或不了解政府对贫困大学生的资助政策。这主要因为其接触外界信息的途径较少,也与学校和当地政府未能及时宣传相关资助政策有关。这就在一定程度上造成了少数民族贫困大学生可能错过受资助的机会。如大学新生入校时,部分少数民族贫困大学生并不知道自己可以进行生源地贷款以及走绿色通道办理入学手续等,这导致了这些学生及其家庭生活负担大大增加。

其实,我国助学贷款政策1999年在北京、上海、天津等8个城市开始试点工作。2000年8月,国家将贷款范围与对象扩大到全国高校的全日制学生,中国工商银行、中国农业银行、中国银行与中国建设银行等4家国有独资商业银行均可承办,由担保贷款改为信用贷款。2003年,教育部联合4部门对国家助学贷款政策和机制进行重大改革,建立了以风险补偿机制为核心的新政策、新机制,从2004年6月28日开始实行贷款学生在校期间贷款利息全部由财政补贴、还款年限延长至毕业后6年。根据课题组的数次焦点小组访谈获悉，对助学贷款不太了解的情况多发生在21世纪初的偏远农村，现在对助学贷款不了解的情况比较少见。

4. 专业选择及就业去向的不明确

由于大部分畲族民众生活在山区，信息不对称或家庭环境不允许等原因，使他们在选择子女专业时会更现实。比如学费较低甚至还能有伙食补助的师范专业，对于家庭经济困难的学生更有吸引力；或为争取更有利的就业机会，选择文秘、财务管理等专业，而不是更多地考虑孩子的兴趣或者长处。

专业选择及就业去向的模糊，其本质是在各种现实压力下，畲族民众对于高等教育质的认识不深刻。这就促使他们相对保守，对于教育资源，不敢贸然争取。即使有了接受高等教育的机会，保守的态度和谨慎小心极易使他们丢失利用教育资源的机会。

二、加强畲族女性高等教育的对策

随着教育体制的不断完善，高考制度的不断优化，畲族女性接受高等教育的人数已经在增加，并且未来也将会有越来越多的畲族女性加入高等教育的学习当中。经济发展下，高等教育越来越大众化。学费困难、资助体制有待完善等经济层面上的问题也都将会得到解决。对于畲族女性高等教育将如何走向一个更为合理化的发展路径，本书课题组提出部分建议和意见。

1. 加强并完善资助政策

解决经济层面上的问题，加强并完善对高校少数民族贫困大学生的资助政策是一个非常重要的途径和手段。

首先，要求我们要加大宣传力度，增加资助政策的倾斜。目前我国大学生资助政策已经形成了“国家奖助学金、国家助学贷款、学费补偿贷款代偿、校内奖助学金、勤工助学、困难补助、伙食补贴、学费减免、绿色通道等方式的混合资助体系”[1]。为了能让有相关需求的学生能够及时享受到资助政策的福利,要在现有的条件下,加大对资助政策的宣传力度,使少数民族贫困学生和学生家长充分地了解国家的资助政策。其次,要完善贫困认定机制,加大精准资助力度。比如,从入学起就应该在每个渠道如学籍的建立、档案的核实等方面掌握学生的基本家庭情况。此外,结合国家对少数民族大学生的其他政策实施,实现信息的互通,便于贫困认定工作的开展。加大精准资助力度,应该是有针对性地对家庭特别困难的少数民族大学生在力度上加大。再次,要提高资助成效,形成激励资助的导向。针对少数民族贫困大学生中存在的“等、要、靠”情况,高校应该有意识地改变单纯资助进而形成激励资助的导向。如增加在校内设立专门针对少数民族贫困大学生的勤工助学岗位。通过对在这些岗位出色完成工作的学生提高报酬,来激励代替直接的金钱资助。最后,构建“授人以渔”的资助机制。我们要明确资助工作的目的并不是为资助而资助,而是通过资助达到“送温暖、解困难、增信心、长才干”的目的[2]。因此,高校资助工作在完成对少数民族贫困大学生物质资助的同时,应该始终关注的是对学生志向的树立和能力的锻炼。高校资助工作的开展应该把目标树立在加强少数民族贫困大学生语言能力、专业学习能力、职业生涯规划以及实践能力方面的加强。

这样一来,高校资助政策的完善,加上高校校内相关的扶助政策的改善,银行助学贷款的进一步优化,以及社会慈善机构的特定资助,能够让更多的畲族女性没有后顾之忧。

2. 坚持政府主导

对现有的民族教育政策,中共浙江省庆元县委原书记蓝伶俐[3]提出她的看法:

---

[1] 《不让任何一个学生因家庭经济困难而失学——2017年国家学生资助政策简介》,载《人民日报》2018年7月31日,第8版。

[2] 史凌芳:《“扶困·励志·强能”三位一体高校学生资助工作模式的思考》,载《学校党建与思想教育》2014年第4期。

[3] 蓝伶俐,第十二届全国人大代表,曾经任职浙江省丽水市景宁畲族自治县县长。

> 虽然目前畲族女性能平等享受教育资源，但也存在无法更好享受优质资源的问题，比如：省重点高中民族班协作教育问题较多，且畲族女性总体上素质不高，个别低收入畲族农户女性，因学费较高，上大学存在一定压力。建议要加大低收入畲族女性家庭的扶持力度，在教育上给予畲族女性更多渠道的关注。
>
> 从现有的民族教育政策看，一是高考加分的分值下降了；二是浙江作为经济大省，教育部对浙江民族学生，尤其是畲族学生的关照有所弱化，体现出各民族不平衡的现象。比如：教育部有关少数民族学生入京学习相关政策中，就将浙江、福建、山东等5个经济较发达的省份排除在招生范围之外。建议重新研究相应政策，给予所有少数民族学生享受更多公平受教育的机会。

相关政府部门需要采取积极的措施，制定少数民族女性发展规划和相应政策，继续提高少数民族女性高等教育比重。如在招生中，鼓励少数民族女性报考适宜的高等学校或科系、专业，采取同等条件优先录取的政策。

同时需要以政府为主导，营造一个良好的社会氛围，改善少数民族女性接受高等教育的社会环境。中国几千年传统观念对女性追求更高教育和发展有一种无形的阻碍和束缚，社会舆论的片面导向会使女性在处理事业与家庭关系中进退两难，由此产生的负面影响会压抑女性接受高等教育的愿望，对少数民族女性来说尤为如此。因此，应更广泛、深入地加强男女教育平等的宣传，彻底改变“读书好不如嫁得好”等传统错误观念，为少数民族女性提升高等教育率创造良好的社会环境。

3. 精准化定位

目前，高等学校特别是地方院校存在定位不清晰，发展方向单一的情况。学校的定位混乱，间接会影响进入高校的畲族女性对于自身学习和未来工作选择的混乱。

例如，个别重点大学的教育没有针对性，高职高专院校不办职业教育或大众教育，想着有朝一日也跻身精英教育。很多地方院校抑或职业学校，在招生时也自称是研究型大学、国际化大学。部分大中型高校尤其是高职高专学校,绞尽脑汁要求专升本,地方院校要求升大学,普通高校要求成为“双一流”,高校都想着规模越大越好。万人大学在中国已经是非常普遍,截至2017年,就已有17所高校的在校生总人数超过了5万人[1]。

大学整体的定位混乱,会导致对学生培养计划的混乱。对于畲族女性来说,进入大学选择一个专业,专业的培养计划是极其重要的。中国特色社会主义进入新时代,高等学校的人才的培养,明显无法满足经济和社会发展对人才的多层次、多样化需求。从对高层次人才的需求的角度来看,当今的学生对主要的全球问题没有给予足够的重视,对全球科学技术创新前沿的动态还没有足够的了解,并且没有深刻了解中国社会的发展和转型。从“低”的角度来看,有些学生的眼高手低,连小事也难以很好地完成,实践技能和工作能力较差。如何准确定位大学,是高等教育需要应对的挑战。应用型大学应该如何发展学生的应用型取向,以实现服务地方与社会的目标?精英型大学如何培养高级人才,在高科技创新领域发挥作用?这两种类型教育的发展方向和定位含混不清,必然使精英教育受到冲击,带来高等教育质量下降。当前,为了追求经济效益和利益,很多重点大学办成人教育、网络教育、职业教育,导致教学质量下降。而大众化高等教育培养目标朝着精英教育的方向走,不符合社会需求,学生的职业素养和理论水平不如重点大学培养的学生,又缺乏受大众化高等教育应具备的动手能力,结果造成就业困难。

定位清晰的学校会将各人力、物力资源合理地分配到相应的专业,在这样的教学分配下的学生对自我的职业规划也会更为清晰。

对于包括畲族女性在内的少数民族学生来说,在选择高校时,高校精准化的定位应作为非常重要的参考标准。在进入高校后,定位的准确性直接影响培养的成效。

相信高等学校教育将会逐渐解决以上问题,会进一步精准化定位,按部

---

[1]《中国高校在校生人数排行榜,最高超7万人,看谁是真正的巨无霸!》,载搜狐网,https://m.sohu.com/a/203039084_583552。

就班,各自制定适合本校学生的发展方向。某种程度上来说,只有当学校定位和分类准确了,在此基础上,对不同的学生进行有针对性的教育才有意义。当然除去高等学校本身的学校定位,学校对于各专业、各课程的定位也应该准确。

4. 个性化辅导

对于畲族女性等少数民族学生来说,针对性的辅导显得尤为重要。

畲族女性接受高等教育的机会是极其宝贵的。为了使畲族女性更好地适应高校的生活,高校应配备专门的导师、辅导员或相关工作人员,帮助她们解决学习和生活上的问题。比如,丽水学院的少数民族卓越班便是专门设置一对一对接的导师,使学生能更好地适应校园生活。导师的职责包括帮助辅导学生专业学习中学分课程的选择,指定阅读书目,学业辅导,指导制订学期计划,布置学习和实践任务,检查学习和实践成效,指导完成学术和实践作品,指导考研和求职等。导师在本科生培养的整个过程中,以帮助学生全面成长为目的,以学生专业学习指导为核心,指导学生合理安排各种学习活动。充分发挥导师的专业特长,通过各种形式的学习与实践,促进学生的学业成长和综合素质提高,同时协助班主任做好学生的思想品德修养和生活、心理等方面的教育和引导。

这样的单独指导有利于畲族女性等少数民族学生在校园生活中更快摸清方向,同时也为她们之后进入社会工作提供前期的准备和帮助。

5. 加强民族特色文化教育

中国的民族传统文化艺术是具有鲜明个性的文化特征,是中华文明的重要组成部分,也是世界文化宝库中一颗耀眼的明珠。但是中国高校,特别是地方高校的民族特色文化教育当前渐趋式微,这需要引起我们的重视和警惕。雷洁畅认为特色文化缺失的主要原因有:“一是城镇化后,许多畲族群众远离畲村,现代化的生活中与传统文化接触少,缺乏家庭传承的观念;二是校园教育中,畲族传统文化教学的专业教师缺乏,找的有些临时教师即使懂得畲族传统文化,但无教学能力。”

以丽水学院为例,152 位受访对象中选择学校经常开展民族特色校园活动的仅占比 33% ,选择偶尔的约 53% ,另有约 14% 认为从来没有举办过。在学校是否教唱山歌方面,高达 80% 认为从来没有,约 18% 认为偶尔有,经常学唱的仅占 2% 。

音乐专业是丽水学院的优势学科之一,同时,丽水拥有全国唯一的畲族自治县,应该立足当地,充分利用这种少数民族音乐文化资源的优势,进行民族音乐课程体系的专业性开发,加快推进少数民族音乐专业课堂化的进程,在教学过程中培养兼具民族特色文化和创新能力的音乐人才。

通过少数民族音乐文化的教学,可以培养和增强学生的民族情感和民族热情。通过教师教授民族音乐文化知识,少数民族音乐的背景文化会得到发掘,学生可以从中感受到真实的音乐情境,体会到音乐的形式和少数民族音乐文化之间的交流碰撞,可以帮助学生真正感受少数民族音乐中饱含的情感,领悟少数民族人民的生活常态,感知少数民族音乐的文化内涵。另外,在各种校园文化活动中,开展民族特色活动,也是鼓励并引导学生增强民族认同感以及促进高校民族特色教育的重要手段。

第三节　畲族女性职业教育情况分析和建设意见

职业教育,是指让受教育者获得某种职业或生产劳动中所需要的职业知识、技能和道德的教育。本书课题组调研发现,畲族女性参与职业教育总体的比例并不高,尤其是专业的学校职业教育,很多畲族家庭认为既然职业教育是为了学习职业技能,目的是更好的工作,那不如直接参与工作,也不需要再花费额外的学费。雷群芳认为:“要完善民族地区职业教育和技能培训,使畲族女性在产业转型升级中得到技能的培训与提升。”

当前,畲族学校中职业教育发展较好的是浙江省丽水市景宁畲族自治县职业高级中学(以下简称景宁职高)。景宁职高是一所综合性中等职业技术学校，它集普通高中、职业高中、职业技能培训于一体。因为该所学校位于畲族自治县，有许多学生都是畲族，解决了当地一部分畲族女性的教育问题。学校特别重视对学生专业技能的培训和评估，中级证书通过率超过85%。对于没有参加高考或高考落榜的学生，学校可应本人申请推荐就业。

此外，为了使学生能够享有其他地方的出色的职业教育资源，同时提高景宁准劳动力的技能和素养，拓展就业渠道。2010年，景宁职高一是经浙江省教育厅牵头，该校开始与吉利汽车工业学校开展联合办学，开设了两个热门专业：汽车制造与营销、汽车驾驶与维修。学校积极减轻学生负担，规定，入学第一学年，学生可以在景宁就读，教科书，教学计划和教学方法都等同于吉利汽车工业学校高一年级，收费按景宁职业高中的定价标准收取；学生在第二、三学年，到台州市临海学习，浙江吉利汽车工业学院为每个学生减免了学费每学年1000元，作为扶贫项目。毕业后，吉利学校推荐毕业生在台州等地就业。二是以就业为导向，推进职业教育与培训同步发展。学校结合本地经济发展，构建培训机制，提高他们的就业能力，为畲乡劳动力的转化提高必要的技术准备；学校还以企业为依托，改变职业教育的办学理念，变我想要培养的人才为我需要培养的人才之思路。积极促进校企合作，联合办学；加大投入，提高办学设施；引进人才，优化师资队伍，大力发展双师型教师。同时，学校着眼长远，建立与本地经济发展相适应的开放性现代职业教育体系，从而增强学生适应社会的能力，提高他们的就业素养。三是调动行业企业的积极性，拓宽教育培训的渠道。学校不断完善多元办学格局，与企业联合，为企业进行职工培训，依托学校的教育教学资源，为企业培训出合格的创新型人才；构建终身学习"立交桥"，利用学校互联网载体，为行业企业职工的终身教育、继续学习创设良好的学习平台。

从景宁职高学的发展来看，目前畲族职业教育越来越与社会接轨。在该校不断自我改善的过程中，学校也开始和企业、社会合作推动畲族学生职业技能的培养和就业。

但是从畲族职业教育的总体情况来看，针对畲族女性的职业教育还存在不少问题。

一、畲族女性职业教育存在的问题

畲族女性的职业教育就整体来看发展得还是较为缓慢,总的来说主要受以下几方面因素影响。

1. 对职业教育的认识不足

畲族家庭对于职业教育的认识不够全面和充分是导致畲族女性职业教育整体发展缓慢的重要原因。在国家财政投资朝普通教育倾斜的情况下,一个初中毕业生从进入职校学习再到高职毕业,所需的花费比普通教育要高。即便如此,职校毕业生的就业市场却不尽如人意。

社会上重文凭轻能力,轻职业教育重普通教育的观念较为深入人心。这些影响人们价值取向的传统观念,导致高职学生的社会认同度较低,这也是高职院校毕业学生最终就业困难的重要因素之一。这一现状又进而导致高职院校招生困难,新生报到率不高,成为一种恶性循环。

选择职业教育的学生往往是在普通教育的竞争中被淘汰的这部分人,本身极可能存在自卑心理,再加以昂贵的学费以及未来不确定性较高的就业市场,这将使部分畲族学生和他们的父母本来就对职业教育存有偏见,会更加犹豫甚至拒职业教育于千里之外。比起在学校接受专门的职业教育,畲族家庭更愿意让孩子直接参与社会劳动,在工作中学习经验和技能,既不用教学费而且能获得收益。

2. 学校教育资源不足

我国的职业教育资源相较于普通教育资源来说,还有很大的进步空间。专业的职业教育起步晚,无论是硬件还是软件上的配置,大部分的学校都还在摸索之中。畲族女性学校的职业教育也是如此。

教育资源的不充足,首先表现为人力资源的不充足。由于职业教育被看作教育鄙视链的低端,因此职业学校的教师在别人眼中也不如大学老师。职业教育旨在提供更多的实操资源,使畲族女性获得更多的实操性经验。

但职业学校却严重缺少合格的专业课教师，老师的不专业大大降低了课程的有效性。

其次表现为硬件上的不完备，这很大程度上和政府的支持力度有关。从全国范围来看，畲族地区的职业教育发展并不均衡。

国家对职业教育的投入不足，财政拨款的基数过低，尤其是许多偏远地区的职业学院，无法获得正常的资金保证。学校主要依靠向学生收取的学费和杂费来维持其运转，预算内教育经费所占的比例太低。地方政府的支持也不足。经费不足导致职业学校的硬件设施建设缺失。职业教育类的学校，其本质是通过教育来达到职业技能的培训和养成，硬件设施可以说是职业学校教学的重要载体，硬件设施上的不足直接影响了职业教育的成果。畲族女性擅长编织等手工技术，若是开设纺织类的专业，但学校的专业缝纫机却不够，这无疑就直接影响了学生的学习积极性和课程培训的有效性。

3. 学校专业设置缺少民族特色

目前畲族女性的职业教育和大多数的职业学校教育无异，主要表现在两个方面。

一是对受教育内容认识不清。受传统观念的影响，人们普遍会把职业教育当成普通教育，注重其升学的功能，而忽视了其开设的各种短期职业培训。

二是培养目标过于单调。我国各地地方特色不尽相同，各地区经济发展水平差异也比较大，因此，发展职业教育必须走多样化道路。不同民族有不同民族的特色，针对不同民族应有不同的目标定位。目前畲族的职业教育存在的明显缺陷是缺乏独特的培养目标。专业设置不仅与民族特色脱离，甚至与市场需求不相匹配。大多数职业学校偏重于第二产业和第三产业“热门”专业的专业建设，如旅游管理、国际商务等，理工农科专业受到冷落。有的学校甚至完全放弃了涉农专业，一味效仿城市的职业教育，缺乏地方专业特色的培养。

为了追逐社会大方向的潮流，以及满足学生人数较多的男学生的就业需求,学校大力推进软件技术、机械等专业的发展,却忽视了畲族女性群体本身具有优势的纺织专业。在这样的培养机制下,畲族女性的职业教育没有吸收民族的优秀文化,导致发展缓慢甚至停滞不前。

4. 教育系统不完善

教育系统不够完善主要表现在两个方面:一是纵向衔接不当,主要表现为职教的初、中、高三级衔接不当。继续接受高等教育的中等职业学校毕业生的数量相对较低,由于普通高中是高等职业学校学生的主要来源,因此几乎没有高职毕业生能够继续高等教育深造。包括畲族在内的大部分少数民族地区的中等职业教育并不可延续,堵住了学生希望进一步学习的道路,也关闭了他们继续深造的求学之门。这不符合职业教育的发展要求也不符合民族社会经济发展需要。如何使中等职业教育变成既可学习一技之长、解决就业,又可以让选择升学的同学继续接受高等教育,构建与高职教育相互衔接的教育系统,值得我们进一步思考。二是学校教育与短期技能培训缺乏进一步的结合。和职业培训相比,学校职业教育更有优势,比如理论知识体系较为完整,而且兼顾文化课程,有利于全面提高学生的素质特别是专业技能。但也因为学校职业教育具有这些优势,才使人们长期忽视了短期技能培训的作用。实际上,短期培训同样有其优点,如相对灵活、针对性较强、近期效益突出等,可根据所培养人才的具体类型、职业特性和学历层次灵活配置,保持与经济发展的要求同步。

二、畲族女性职业教育的发展对策

随着社会分工的不断细化、社会对个人的职业能力要求越来越高,职业教育的发展前景是可观的。但如何促进职业教育的可持续发展,不仅是对畲族,对国家发展都很重要。未来的职业教育发展需要引起更多部门、更多人的关注。对于畲族女性的职业教育发展目前存在的问题如何解决,提出以下几点浅见。

1. 加强对职业教育的政策倾斜和财政投入

政府对职业教育的财政投入是保证职业教育健康有序发展的基础。根据国家教育经费统计年鉴的数据显示，国家财政向来是中等职业教育资金来源的主要途径（见表4－1），同时在高等职业教育经费来源构成中，政府财政投入的比重也逐年增加（见表4－2）。

表4－1　2011—2014年中等职业教育经费来源占比表

单位：%

年份	国家财政经费	民办学校中的个人投入	社会捐赠	事业收入	其他
2011年	76.8	0.7	0.1	19.6	2.8
2012年	81.7	0.5	0.2	15.4	2.2
2013年	86.0	0.4	0.2	10.6	2.8
2014年	86.4	0.3	0.1	10.1	3.1

资料来源：国家教育经费统计年鉴。

表4－2　2006—2011年高等职业教育投入情况表

单位：亿元

年份	2006年	2007年	2008年	2009年	2010年	2011年
高等职业教育经费投入	489.09	631.58	802.79	921.12	1051.49	1250.79
其中：高职财政性教育经费	157.59	232.39	334.99	396.97	491.63	674.82
财政性教育经费占高职经费的比例	32.22%	36.80%	41.73%	43.10%	46.76%	54.95%

资料来源：国家教育经费统计年鉴。

由于高等职业教育的成本更高，那么对于高等职业教育的投入，理应至少与普通本科教育投入持平或者多于后者。但是事实却是普通本科教育获得的财政投入比高职教育要多得多。以2016年的数据为例，全国教育总经费是38,102.6亿元，其中本科教育经费投入10,135.3亿元，占教育总经费比例26.6%，而高职教育经费投入为2133.8亿元，仅占教育总经费比例的5.6%。加大高职院校的经费投入力度以及合理分配财政资源成为政府不可推卸的责任。

综上所述,政府财政更应该加大对少数民族中等和高等职业教育的投入,无论是从硬件上还是软件上,都给予学校更大力度的支持,让学校能够更好地完成教学任务。使畲族女性可以通过学校的支持,更加有效地学习、获取实操经验,从而提高自身的职业技能。

另外,高等职业院校中实施因性别施教,同样需要政府大力度的支持。早在2004年6月,我国台湾地区颁布并实施了"教育性别平等法"。美国还明确规定了禁止教育领域里的任何性别歧视。这些国家和地区法律政策的实施可为我们制定相关政策提供一定的借鉴。那么在已经制定倡导、支持因性别施教相关的法律政策后,还应特别注意法律政策的可实施性、可操作性。最后,在促进职高女性教育资源平等和就业方面,政府也应有具体举措。在加大教育经费投入之外,还必须采取具体措施,保证男女在教育资源获得上的平等性;在就业方面,要通过强化舆论宣传,来创造公平的就业环境,倒逼企业增强社会责任意识。此外,发展先进制造业与现代服务业,也能成为促进女性就业的重要途径。先进制造业与现代服务业需要技能型人才,尤其是高技术专门人才,为当地社会经济的发展提供优秀的人才支撑。

2. 扩宽职业教育经费来源渠道

教育发展所需要的资金数额是很不协调的国家意识形态和发展状态决定了我国高等职业教育经费以国家投入为主,能够保证职业教育经费来源的稳定性,但是国家财政投入与高等职业教育发展所需要的资金数额并不协调,无法保障我国的高等职业教育的迅速发展。因此,通过合法途径多渠道筹集职业教育发展资金,这是我国《职业教育法》所乐见且鼓励的。加强社会对高等职业教育的认知和重视,这是把更多的人和投资吸引到发展高等职业教育事业上来的最好途径之一。

为了改变"春蕾计划"女童毕业后升学难、就业难的窘境,在前中国妇联主席、中国儿童基金会会长陈慕华的倡议下,"春蕾计划"里设立了"全国实施春蕾计划女童实用技术专项基金"。自此以后,每个"春蕾班"都会得到中国儿童基金会专门拨付的技术培训经费，每年 5000 元。这个实用技术培训班，不仅培养了大量农村新型劳动力，还带来了一定的“女童经济效益”[1]。

从高等职业院校自身来说，可以通过各种途径宣传，向社会各界展示学校的优势和人才培养成果，增加自身吸引力，吸收个人或者社会团体的投资和捐赠。高等职业院校还要通过提高办学质量，完善院校建设，打造现代化系统办学体系，以增加自身的吸引力，拓宽教育经费来源渠道。

除了借助外部渠道扩大教育经费来源外，作为高技术专门人才的培训机构，高等职业教育还可以通过内部渠道扩大教育经费来源，这就是校办企业。这样，通过内外两个层面互通联动，从而扩大教育经费投入。

3. 让企业参与到学校的职业教育建设中来

畲族女性接受学校的职业教育，其目的是提高自己的职业技能，以便更好地就业。中高职学校的职业教育，可以让企业也参与到学校的建设中来。让女性更早地接触企业，了解企业的招聘需求，进一步提高并完善自己的专业能力。目前与职业学校合作的企业，大多是类似于汽车较为大型的重工企业。发展畲族女性学校教育，学校可更多地与服装业等相对较轻型的企业或服务业合作，提供更多样化的选择。

这方面我们可以参考职业教育建设和发展较为成熟的国家，例如德国，它采用的是职业教育的“双元制”。职业教育宏观管理由政府负责，但学校，行业主管部门和生产单位组织实施的三重责任制。德国超过 75% 的初中毕业生可以直接进入公司培训机构接受职业培训，并同时前往各种相应的职业学校学习基础知识。这种有机集成的管理系统可确保职业教育的实施和完成。贯彻了理论联系实际的原则，又有利于培养既懂理论还有动手能力的学生，是值得畲族女性学校教育学习和借鉴的模式。

美国和加拿大在培养以社区性、应用性人才为目标的高等职业教育上也已经形成了比较完善及合理的教育模式，同样值得我们学习。北美国家

---

[1] 金勇、何峰：《“春蕾计划”实施 15 年 150 万失学女童圆了读书梦》，载《人民日报》2004 年 12 月 4 日。

职业教育的最大特点是追求专业课程匹配职业工作，这刚好是我们国家当前高等职业教育的短板之一。加拿大著名的“以能力为基础的教育”模式（Competency Based Education，CBE）以职业综合能力为基础，满足岗位要求是目标，侧重于方法、过程和反馈，学习成效非常快。学分制使学生有更多选择的自由，他们可以间断地完成学业，当然也可以提前毕业，也可以根据实际情况选择课程时间。学生在这种弹性机制下，可以扩大选择学习和工作的机会的自由度。当需要工作时，他们可以选择找工作，而当他们需要进一步的培训时，他们可以选择上学。北美国家的高等职业教育与工商业界同样呈现出比较紧密的合作关系。比如加拿大的行业协会，一般是企业和职业学院自发组成的非官方组织，在职业教育的发展中发挥着重要的指导作用。

根据我国实际情况，参考发达国家模式，职业学校可考虑成立专业指导委员会，主要成员是教师和企业一线人才。由专业指导委员会为高等职业院校办学提供决策参考，也可以负责协调资源和信息支持。在专业的培养目标制定、教学计划拟定以及实习活动安排上，都应有专业指导委员会应参与，以更好地根据市场需求灵活调整教学计划，不断深化教育教学改革，保证高等职业教育教学质量不断提高。这种企业和学校相互合作的新模式，为培养包括畲族女性在内的专门专业人才提供了重要思考方向。

职业院校应采取主动走出去的策略，了解市场对人才的需求。可实行“订单式”培养，从而吸引企业加大对职业教育的投入。了解企业需求，并结合本校专业特色，达成企业和学校教育之间的合作。对于学校和企业来说，这种合作是一种“双赢”。一方面，它解决了院校联系实习地点困难和毕业生就业难的问题；另一方面，“订单式”培养对企业具有针对性，大量职工培训费用得以节省，联合培养的源源不断的高技能人才，更是企业长远发展的保障。专业教学指导委员会是在理论层面上引入实操的参考因素，而“订单式”的培养则是直接提供畲族女性学习工作的机会。

畲族女性的职业教育本身具有一定的民族优势，畲族女性擅长编织刺绣等手工艺。职业教育可以向这方面拓展，结合本民族的优势项目，在推动国内职业教育发展的同时，也有利于民族文化的创新和传播。

推动畲族女性职业教育改革，从而提高和发展畲族女性的职业教育发展水平，培养出更多服务于社会特别是畲族社区的职业人才，是推动畲族民族整体进步和国家发展，构建和谐社会的重要途径。

第五章　畲族女性学校教育发展困境的原因分析

中华人民共和国成立以后,少数民族教育问题一直受到党和国家的高度重视。但是直到20世纪50年代初,全国仍有大量的少数民族群众没有接受过任何学校教育。这一情况直至改革开放后《义务教育法》《教育法》等颁布实施多年,才推动少数民族教育发生了翻天覆地的变化。但由于历史原因,民族地区的经济社会发展相对滞后,因此导致少数民族的受教育程度相对较低。客观上,与汉族相比,少数民族的教育水平仍然存在一定差距,相比其他地区,少数民族地区经济和社会的发展也存在相当差距。这样的差距或多或少成为导致少数民族经济落后的原因,也在一定程度上弱化了少数民族文化传承和保护,自然也影响少数民族地区的全面发展。

就女性受教育状况而言,城乡差距虽由各种原因导致,但从侧面反映为:教育师资的不足,教学设备的落后,对女性教育关注不足,受教育女性对职业选择的定位模糊,以及权利保障制度的缺乏等。多数情况下,畲族女性并无法尽可能多地享受到和城市一样的教育资源和待遇。如果从表层的外部环境,中层的教育系统内部,以及深层的文化因素看,畲族女性学校教育仍面临发展困境。

第一节　表层困境:外部环境因素造成的问题

尽管人的主观能动性在不断增强,但是外部环境对于人本身发展的限制在逐渐消减。贫穷不会成为一个人成功与否的决定性因素。越来越多的女性开始接受正式的学校教育,感知世界,创造属于自己的价值。我们为走出大山的她们喝彩的同时,却也发现仍有那么一部分人,受到各种因素的制约而无法走出去。走出去的人虽然越来越多,但是对于女性整体而言也只是少数。边远的地理环境和迟缓发展的经济,像两张大网,束缚了少数民族女性学校教育的发展。

一、历史地理因素

在史籍记载中,畲族一般被认为是五溪盘瓠的后人。其祖先溪人靠船捕鱼为生,以洞为单位,聚族而居。因此古时畲族又称“溪僚”“峒蛮”。畲族古代的时候,大多数居住在高山峻岭,而由于崇山峻岭间多是岩、峒、坑,所以在古代,有“八蛮十八洞’之说。刀耕火种的生活方式因而在畲族这样一种恶劣的生存环境下产生。顾炎武曾描述到:“畲士……以刀耕火种为名者也。”[1]

畲族分布的地区,山脉纵横交错,峰峦起伏,丘陵密布。畲族村落大多处于山峦重叠、沟壑纵横的环境中,往来极其不便,旧时交通状况非常落后。村道都是羊肠小道,盘旋山谷溪涧,连接各个村落。畲族一般村与村的距离,近则一二华里,远则十余华里以上,村际间的联络全靠徒步,逢山便攀缘山崖峭壁而行,逢水便一木飞架深潭,或选择浅水之处置石溪涧,让人跳石而过,此为原始的独木桥和石桥,在偏僻的畲族山区屡见不鲜。由于村寨分散,道路又多崎岖不平,狭窄难行,货物进出使用人力载重,靠肩挑、背负的方法解决。肩挑的工具系用毛竹或硬木制成的宽约 6 厘米、厚 1 厘米、长

---

〔1〕 吴永章:《畲族与瑶苗比较研究》,福建人民出版社 2002 年版,第 64－65 页。

130～140 厘米的扁担。背负的工具多用藤竹编制的篓子。

比如，畲族聚居的赣南，东临武夷山，南倚五岭山，西挨罗霄山，北接云岭山，地势中间低，四周高，是一个相对封闭的地理环境。赣南耕地仅占9%，丘陵、山林则多达 60% 以上。因此，“八山半水一分田”就是赣南的生动写照。在汉唐以前，由于赣南地理环境相对封闭，“统治者率以荒服视之”。[1] 即便日后历经历史变迁，赣南社会经济虽也取得了进步，但整体经济水平仍较为落后。

有调查表明，由于畲族学生的生活环境偏僻，信息闭锁，社会圈子狭窄，另外，畲族学生上学时间通常较晚，学校教学环境较差，这也在一定程度上影响了学生的智力发展。这种情况在现实中仍在继续。与同龄的汉族学生相比，存在明显的差距，尤其是畲族学生的口语和理解能力明显不及同级的汉族学生。这极易导致畲族学生在学习生活中存在自卑心理[2]。

二、经济社会因素

畲族长期过着粗犷的游耕生活，“巢居崖处，射猎其业，耕山而食，率二三岁一徙”[3]。福建畲民“所居在丛菁邃谷，或三四里或七八里始见一舍，无比屋而居者”。浙江畲民“窜居山坳缚茅以处，不谋萃聚，不杂土著”[4]，所以畲族的家族关系比较松弛，很难发展成为成熟的宗法性组织，难以形成一个稳定的社区和宗族群体，集聚力量，开展有一定规模的教育。

多山地、丘陵，山峦叠嶂、丘陵密布，这样的环境不利于农作物的生长，畲民还要以辅助打猎以维持生计，落后的生产力水平，恶劣的生存条件，使畲民生活条件差，很多畲族地区呈现出的是一方水土养不了一方人。

封闭恶劣的生存环境，不断迁徙后成了“外来客”，加之历史上遗留下的民族歧视观念，导致畲族民众不愿意与外界来往，这也使他们的生活环境越

[1] 详见（清）汤斌：《重刊〈谢志〉序》，顺治十七年；（清）同治版《赣州府治》“卷首·总目·旧序”。

[2] 钱锦彬：《畲族中小学生心理健康状况的调查研究》，福建师范大学 2003 年硕士学位论文。

[3] 详见《福建通志》《风俗志》卷 1《永春州》。

[4] 详见同治《景宁县治》卷 12《风土·附畲民》。

来越封闭,视野越来越狭窄,思想越来越固化,小农经济思想成为他们的主导思想。经济发展水平的低下严重制约了畲族女性学校教育的发展,更限制着畲族女性的自由活动,畲族女孩很难走出大山,接受高等教育的机会较少,即使有机会也会因家庭经济条件和家长狭隘思想的限制而被迫放弃。

由于地理环境等方面的原因,畲族聚居的偏远山区,经济发展缓慢,很多家庭还在温饱线上徘徊。有调查显示,汉族学生营养过剩率显著高于畲族学生,这可能与不同民族之间的生活方式和饮食习惯的差异有关。在畲族的日常饮食中,占比较高的是高纤维食物,而汉族家庭则习惯摄入更多的高热量食品。这一方面说明了畲族人民的饮食习惯较为健康,另一方面说明了畲族家庭的经济窘境,温饱问题无法解决。家庭一年的生产劳动只是满足了生计问题,而对更高追求的教育只能选择忽视或淡忘,其原因也就是家庭无法支付孩子的上学费用。改革开放后,市场经济对沿海地区的经济发展起到重要推动作用,但是在地处山区的畲族社会,畲民依旧固守传统,自给自足,没有受到过大的冲击。经济社会发展的滞后,是导致畲族教育落后的因素之一,经济因素成为畲族教育的转型与发展的桎梏。

也因为经济的问题,越来越多的畲族家庭劳动力随着中国城镇化的进程由农村向城市、由落后的中西部地区向东南沿海地区转移。家庭重心的偏移对于畲族女性接受学校教育无疑是把“双刃剑”。一方面,畲族女性有可能随父母进入大城市接受更为发达的教育;另一方面,普通学校却可能尚不具备少数民族教育的课程以及专业引导,这使畲族女性在接受无差别的教育中丢失了一部分的民族特性。更有甚者,大城市的教育环境会对畲族女性的心理带来打击,使女性迷失自己,丧失了对学习的积极性。更多的情况是父母外出务工,畲族女童们成为留守儿童,在教育中家庭重要角色的缺失,极易导致一系列成长的心理问题。不少留守儿童在义务教育阶段结束之后,选择外出务工。这对教育的长期性而言,造成了恶性循环。

三、制度保障因素

要使畲族女性学校教育稳步发展,女性受教育权得到进一步的保障和实现，国家不仅有必要在法律层面上完善少数民族妇女受教育的权利和义务，而且地方还必须制定和发布具体措施来保护少数民族女性的受教育权。另外，有必要依靠国家行政机关，进一步实现宪法和法律所明确的少数民族女性的受教育权。

当前，关于法律法规的保障，从《宪法》到《教育法》，我国一系列相关法律都载有关于保护少数民族女性受教育权的有关规定。我国《宪法》保障了妇女在所有方面均享有与男性相同的权利。《义务教育法》和《未年成人保护法》均规定，少数民族妇女也应依法享有受教育的权利。《职业教育法》还载有关于对少数民族地区妇女接受职业教育的支持和援助的规定。

但从总体上说，这些法律法规过于概要和笼统，缺乏针对性，同时也存在对应援助措施缺位的问题。这让政策在落地操作时，缺乏一定的威慑性。即使国家一直强调公民义务教育的重要性，教育既是权利也是义务。但是仍有很多父母，因为受到各方面的压力而损害了女孩受教育的权利。例如，有关民族自治地方的教育经费、办学管理等方面，虽然有《民族区域自治法》对这些方面作出了明确规定，但在实际中，一旦涉及少数民族女性受教育权保护问题，依然缺乏具体的、可操作性的规定。

在其他环境因素尚有问题的情况下，过度宽泛的法律政策没有成为兜底的、保障权益的一张网。国家宏观庞大的普适政策在落实上存在问题，会直接导致畲族女性学校教育实施的有效性。在这方面，不少地方的实践可以为畲族地区民族条例制定提供借鉴。如《楚雄彝族自治州民族教育条例》《宁夏回族自治区民族教育条例》《西双版纳傣族自治州民族教育条例》等，都是在自治地区层面，保障少数民族受教育权，推动民族教育更好地匹配国家教育政策的好的做法。比如《宁夏回族自治区民族教育条例》规定，对于家庭经济困难的少数民族学生，特别是少数民族女学生，各级政府必须采取措施，帮助她们完成九年义务教育。《宁夏回族自治区民族教育条例》还强调要关注回族女教师的培养、培训。再如，从投入与保障、教育教学多方面，《云南少数民族教育促进条例》都作出了具体规定，这也极大地促进了有力云南少数民族教育事业的进步。

简单梳理我国民族教育的政策制度变迁,能够侧面反映畲族女性的学校教育问题。1951年,中央层面就曾召开全国性的民族教育工作会议。在这个会上,大家就民族教育的有关问题达成一致意见,并于会后专门出台了民族教育的相应规定。1956年,全国层面广泛开展了针对少数民族的扫盲运动。当时,出于对少数民族历史文化的尊重,对具有本民族文字的少数民族,就用该民族的文字进行扫盲。从全国的情况来看,发展较快的少数民族小学教育。中学教育也有相应的发展,甚至高等学校和中等专业学校还在部分民族地区开办起来了。中华人民共和国成立后,国家民族事务委员会直属的民族学院与某些民族地区的高校先后开设了民族预科班,其他的一些相关高等学校、中等专业学校和成人高校也相继开设了相当数量的少数民族预科班。

可以说,从1957年至"文化大革命"前,我国的少数民族教育事业有了新进步。但"文化大革命"爆发后,我国的少数民族教育事业也受到严重影响。改革开放后,也迎来了我国少数民族教育发展的春天。1981年2月,在教育部和国家民族事务委员会的主持下,第三次全国少数民族教育工作会议召开,并出台了一系列加强民族教育的具体指导方针和政策。1984年5月,第六届全国人民代表大会第二次会议通过了《民族区域自治法》,其中有关于民族教育的专门条款,对民族教育作了法律的规定。由此,全国各地的少数民族教育事业都逐步恢复并得到发展。当时,绝大多数民族自治地方普及了初等教育,之后中等教育、中等职业教育和高等教育也有相应的发展。

地理问题、经济发展问题、政策落实问题从不同层面不同程度地作用于畲族女性学校教育事业。要想发展好畲族女性学校教育事业,需要大力发展经济,来打破地理位置所带来的壁垒,同时也需要将教育政策细化可实施化,与当地的民族教育相融合,以发挥最佳的保障效果。

第二节　中层困境:教育体系内部因素造成的问题

尽管少数民族女性的受教育权得到法律的保障,但是当教育系统内部结构仍存在不合理因素的情况下，教育同社会、经济的发展不适应，会在教育实施过程中会产生许多负面影响，也不利于畲族女性乃至畲族的发展。经过梳理，在教育体系内部，制约畲族女性教育的因素有以下几点。

一、教育观念陈旧

在越来越多的少数民族女性看来，受教育的机会是她们自身权利实现与否的标志，她们开始追求发展权，更多地关注教育本身对妇女自身能力发展和社会地位提高的影响。在对畲族女性社会贡献的自我认知调查问卷中，接近一半的人认为自己对社会的贡献程度不高，这说明大部分人并不满意自身的社会作用发挥。人生价值（人的社会作用）一方面体现在个人对社会的贡献，即人的社会价值；另一方面体现在社会对个人的满足程度，也就是人的自我价值。缺少任何一个方面，人生价值都是残缺的、不完整的。而人生价值的实现，在很大程度上与个人教育水平紧密相关，受教育程度又会影响着人们对社会和对生活的不同态度。教育程度对于一个人的重要影响力是被绝大多数人认可的。教育对于家庭，对于民族地区的长期稳定和繁荣所起到的重要作用也得到普遍承认。

教育需要对畲族女性的潜在需求进行满足。我国学者一度认为，在遗传基因正常的前提下，环境与教育对人的发展起着决定性的作用。其中家庭环境的影响起着持续、广泛、潜移默化的作用。子女的思想意识、道德品质、行为习惯，都不同程度地受着家庭教育的影响。学校教育则指引其寻找自己人生价值的实现途径、方法，使其感到自信。同时，畲族女性是具有独立人格的个体又是具有共性的整体，教育需要在此基础展开，并且及时调整男女差异的教学观念。

二、性别教育缺失

长期以来，东南地区少数民族学校多集中在落后的偏远山区，其师资水平和学校设施等都较为落后。尽管近年来畲族女生可以就近在本村接受小学教育，但是其教育水平和教育质量与城镇学校相比差距较大，除此以外，性别教育的不足、缺失也是导致学校教育水平不足的内部结构因素中重要的一环。

性别是人重要的身份特征。每个人在自己成长过程中都会通过各种不同的信息渠道获得对性别的认识，并逐渐形成自己的性别观。如何看待性别，如何认识性别之间的差异，如何处理不同性别人群之间的关系，这些问题会在生活的方方面面影响着个人的发展，如身体发育、心理健康、交友恋爱、婚姻家庭、工作学习等。性别意识除了对个人生存和发展至关重要以外，对于整个社会而言，人们的性别观念也很大程度上会影响社会的稳定和发展，如人才培养的公平公正、国家政策的落实情况、教育就业的性别比例等。

所以，无论是从个人的成长轨迹来看，还是从社会的发展进程来看，性别教育都是教育结构之中非常重要的一环。目前，在我国的教育体系中，关于性别的教育仍然是一块短板。发达地区的孩子们在较为先进的社会环境中通过外在事物的观察，逐渐形成了开放健康的性别观念。而相对不发达地区的学生，可能还接受着以传统落后的性别观念为基础所展开的性别教育，导致相当一部分女性的人格特征及心理素质存在一定的缺陷，如自我否定、自我封闭、自我放任等不良现象。而且传统性别意识对于女性的影响明显，不乏女性特别是农村女性将未来的希望寄托在男性身上，自身潜力得不到发挥，这些都是成为束缚女性发展的内在因素。表现在学校教育方面，在学习中如果女学生放弃学习数理化，有理由相信是因为在传统观念中认为女学生擅长感性思维，缺乏学习数理化的逻辑思维和能力，其实真正的原因是在教育过程中没有调动女学生学习数理化的积极性的方法。学校教育应该提供正规的教育渠道，从而使孩子们获得对性别的正确知识。

畲族女性是家庭中的重要角色，畲族的性别观念相较于传统的父权制文化中男尊女卑的性别观念，在历史传承方面是具有一定的先进性的。但是，性别平等的观念只是性别教育的基石，换句话说，真正的性别教育是从性别平等观念感开始的，而绝非结束。性别教育的实质是针对两性性别差异特点，采取适当的教育手段，促使两性的社会性别角色发展趋于更科学的模式。

但是目前畲族女性主要所在的农村地区性别教育仍有所缺失。任晓霞通过对农村女性的旷课率进行调研发现,农村女性年龄的增长,与她们自身的旷课倾向呈正相关。其中,有意识性的旷课倾向占比为59%。特别是在农忙时节,农村女性的旷课率(包含病假)由平时的6%上升至13%左右,且她们的请假理由以事假为主。[1] 这种现象的出现,基本上是因为,如果家里子女当中女性年龄稍微大点,那么家长就会要求女性留在家里做家务以及照看更小的孩子;如果是男性年龄较长,则不需要做相关家庭劳动。由于这种现象的普遍,对于学生请假的原因教师也非常清楚,但是"清官难断家务事",大部分教师难以采取有效的措施将孩子"拉"回教室,家长的性别不平等观念以及教师的力不从心使农村女性的受教育权难以得到保障。

任晓霞进一步进行调研发现,随着农村学生进入初中阶段,女性的辍学率会高于男性。这一阶段的女性辍学主要以自愿辍学为主,"读书没意思""读书太难了,我学不会""不想待在家里,想出去赚钱"等都是导致她们辍学的原因。[2] 其中经济因素应是最主要的原因,大部分的农村女性在辍学后经常会选择到城镇打工,而家长在面对女性辍学时一般不加阻拦,在经济压力和传统观念的束缚下,他们往往将更多的教育期望寄托在男孩子身上。

因此,科学的性别教育不仅应在学校开展,还应在农村进行宣讲,改变家长的观念。从学校教育方面,应以学生的发展为核心理念;尊重性别差异,将科学性别观念融入教学和学校宣传工作中。教育目标应包括建立和谐健康的两性关系;以性别平等为基本原则;走家庭、学校、社会相结合的多元化教育路径。

目前学校教育尚未做到将性别教育融入各学科的教学中。学校应该从教学的方方面面贯彻因性施教和性别平等的原则,从教学计划的制订、到教学内容的选择,再到课堂活动的设计及课程的考核和评价等,保障畲族女性的健康、全面发展。同时,要注重教育方式的多样性和教育内容的生活性,

---

[1] 任晓霞:《性别视角下的农村女性教育现状研究》,载《青年与社会》2019年第11期。

[2] 同上。

结合畲族少数民族的社会生活特点。在性别教育实施的过程中,应该通过多种方式,选择贴近学生的学习和生活主题,关注师生互动是否受到性别差异的影响,男女的就学比率是否均衡,不同性别学生的学习条件是否存在差别,等等。

畲族女性学校教育性别教育的缺失是畲族女性发展的节点性问题,畲族女性教育已经在教育上已经取得了阶段性的成果,越来越多的女性接受教育。而如何使畲族女性学校教育取得下一阶段保质保量的成果,教育水平的提高和性别教育的注重必不可少。

三、结构不合理

学校教育结构,是指构成教育体系的各个部分的比例关系及其结合形式,有纵向结构和横向结构之分。纵向结构,是指各阶段的教育结构,如畲族女性在学校体系内进行的学龄前教育、初等教育、中等教育、高等教育。而横向教育结构,是指各个教育阶段中不同类型的教育形式,如职业教育、技工教育等。

目前中国教育,从基础教育到高等教育都倡导素质教育,素质的本身特质就要求素质教育应具有层次性、阶段性的特点。所以无论是阶段性教育结构的不合理还是各类型教育结构的不合理都会导致畲族女性接受素质教育难以实现,使女性学校教育陷入发展困境。就畲族女性学校教育而言,教育系统内部结构的不合理性主要体现在两大块:一是职业教育的不足;二是高等教育发展的不合理。

国家建设不仅需要高科技人才,同时也需要接受过良好职业技术教育的技术人员和管理人员。优秀的职业教育是将科学技术转化成现实生产力的桥梁。职业教育作为我国教育重要组成部分之一,不仅能够快速转化人力资本,而且可以促进区域经济的繁荣发展。

从某种程度上来看,我国职业教育缺失的问题也反映到了高等教育中来。不少高校在招生数量和专业设置上与社会需求和经济发展水平不适应,盲目地设置热门专业,学生毕业即面临失业,因此,高等教育供给侧结构性改革势在必行。中华人民共和国成立以来,尤其是改革开放以来,中国高等教育发展迅速。高等教育毛入学率迅速提升,高校数量和在校学生数量均居世界第一,也是我国经济社会发展巨大进步的助推器。与此同时,我国高等教育的结构存在一些不合理的问题。这种不合理表现在,高校同质化现象相对严重,都热衷于培养学术型人才,而忽视或者说轻视技术、技能型人才的培养。畲族地区教育结构以及整个中国大环境下的教育结构不够合理,也在一定程度上制约了畲族女性学校教育的持续、连贯发展。

四、教育资源不均衡

越来越多有条件的畲族家庭更愿意将孩子送往城镇的学校去接受教育。在调查中发现,部分农村的畲族学校出现了教育资源的过剩和闲置。与此同时,带来的是城镇一些学校的人满为患。不少城镇学校中的民族班成了大班,一个班级有 50 ~ 70 人。从教育的角度来看,这不利于青少年的针对性培养和身心健康发展,而且会影响学校的教学质量。

部分农村的畲族学校本身的硬件、软件资源都相对落后,但我们需要去改善相应的资源条件,而不是使学校流失学生、因缺少生源而逐渐被架空,最后导致教学被迫停止。农村学校有其存在的必要性,是教育落实到各贫困地区的重要节点,是村内贫困的畲族女性接受教育的重要场所。一旦学校的生源过度流失,学校承受的压力就会更大,最后可能会导致在农村最渴望且需要接受教育的那部分人也失去了教育机会。

平衡农村、城市的教育资源倾斜,使每个学校在教育中都体现其价值所在。这是畲族女性学校教育发展中亟待解决的问题。

第三节　深层困境:文化因素造成的问题

无论是表层的环境因素,还是中层的教育系统内部的结构因素,都会对畲族女性教育产生影响。但这些主要影响的还是教育外部基础事业的建设。究其内核,对畲族女性教育发展产生深刻影响的还是文化因素。

我们通常看到的是教育为文化带来的传承和创新,但是文化对教育也有重要影响。首先,文化影响着教育价值取向。教育价值取向是教育主体根据自身需求,在选择教育活动的属性和功能时所体现的倾向性。由于教育的属性和功能是多种多样的,因此相同的教育活动将具有不同的价值。不同的主体,由于来自不同的背景和社会环境,具有不同的文化积淀、社会经验、经济条件和兴趣需求,因而在进行教育活动时,也具有不同的价值取向。其次,文化影响着教育目标的设定。教育培养什么样的人,取决于人们对教育的期待。再次,文化影响教育内容的选择。选择的教育内容和方法是注重知识的传授、技能的训练、还是对内在能力和素质的培养与发展,都和教育立足的文化背景有很大关系。最后,文化影响教育方法的使用。随着思想的解放,教育开始更注重个体的价值,强调"个性化""人性化",在这样的教育大背景下,不同民族的文化也会影响教育方法的具体实施。

在诸多文化因素中,影响畲族女性学校教育发展的主要有以下两点。

一、思想观念的滞后

传统是历史的惰性力。一些沉淀已久的传统观念会渗透到社会生活的各个领域,对人们的三观造成潜移默化的影响,一种心理暗示和潜意识逐渐形成,影响着个体的行为选择。传统的女性教育观念在发展的经济环境中、创新的文化环境中仍会带来一些影响。改革开放以后,畲族民众为了谋求生计,开始走出大山,但是"等、要、靠"的观念仍然根深蒂固的扎根于畲民思想之中,他们仍不愿意女性出门在外、抛头露面。

这些落后的观点具体体现在:

第一,对女性教育的偏执化。畲族女性教育之于其他民族的女性教育,其社会环境相对较好,但是各民族不断融合的过程中,畲族也深受汉族的影响,整体也呈现出重男轻女的社会姿态。在畲族社会中,这种姿态不是对于女性一味的贬低或者轻视,而是相对于男性来说,在同等情况下,女性的受教育机会更少,女性走出原生环境的机会更小。无论是在畲族,还是在全中国,女性文盲数量占文盲总数的大多数。在畲族的传统观念中,女性在家能处理好家庭的日常事务,在外又能从事繁重的农业手工业生产劳动。但是,当社会资源不断向一线、二线城市倾斜的时候,父母长辈更多地希望女性待在家里承担起家庭的重责,照顾一家老小、为家庭排忧解难。畲族女性的基础教育虽然得到了一定的保障,但是当面临需要走出原生社会环境去接受更高等的教育机会时,女性仍面临着社会很大的压力。

第二,女性教育的单一化。我国畲族女性教育发展所取得的成就是有目共睹的,尤其是改革开放40多年来,女性受教育人数大大增加,教育水平提升很快。然而,女性教育单一化倾向仍存在,这与单一化的落后教育观念有着密切联系。单一化的教育观念导致了女性学校教育结构的单一化。其一,在女性教育格局中,人们重视女童的基础教育而忽视女性的高等教育。在偏远地区的教育环境中,父母长辈往往认为女性接受过基础教育就足以生活。在经济压力下,这种单一化的教育思想往往会让父母放弃支持女性进一步接受教育。其二,偏重普通教育,而对女性的职业教育注意不够。普通教育注重学术性知识的传授,目标在于升学,培养高级知识分子,而职业教育则侧重于实用性技能的培养和训练。在大部分畲族父母的眼中,学校教育更多指的是知识方面的学习,而知识的学习应该是各方面的,因此认为其同样承担着职业技能培养的职责。如果学校无法履行这一职责,那么从农作工作中成长的父辈更愿意相信生活技能的培养来源于生活。"上学,读好书就好了,没必要进行技能培养的课外活动""既然考不上好大学,去技校、专科学校,不如回来种田养家"……诸如此类的想法比比皆是。畲族女性教育观念的单一化映射到教育本身,畲族女性学校职业教育承担着来自教育系统内部的压力和社会外部的文化观念上的双重压力。

步入中国特色社会主义新时代,单一的女性教育模式无法满足社会对女性人才的多元化需求。没有专业技术在手,又没有学历的保证,许多工作会将女性拒之门外。这样的社会负反馈,会使部分长辈误认为教育无用。孩子明明接受了教育,取得的成果却没有令他们满意,从而更加轻视教育的作用。这样的轻视又会进一步巩固家长的落后观念,即"女孩读书无用论",

从而形成恶性循环,最终阻碍女性学校教育的发展。

二、民族传统文化式微

随着现代化进程的加快,少数民族在发展洪流中需要格外注意传统文化礼俗的传承和创新,以保留民族性和特色性。然而,随着畲族在物质和精神层面的不断开放,在不同文化的不断融合中,很多民族文化礼俗在发展过程中呈现出颓变遗失的趋势。部分畲族文化特色性内核的缺失,使在推进畲族女性学校教育基础性和特色性的协调建设上有一定难度。

前文也多次提到,畲族女性相较于其他民族女性,在成长过程中是拥有着相对较好的社会环境的。古代畲族有着强烈的女性意识,无论是在家庭事务上,还是在生产劳作上,女性在家庭中有着较高的地位和权威。同时,在畲族文化礼俗中也处处表现出女性的权威与尊严。畲族民间故事中的女性是神圣的智慧人物,畲族农耕文化中也极力讴歌了畲族女性形象。

但是,明清以来,畲族散居杂居于汉族聚居地,畲汉通婚成为常态,畲族文化在汉文化的包围下生存,畲族中的汉族女性逐渐成为汉文化封建伦理思想的传播者,在传播汉文化的同时自愿承受着汉文化繁文缛节的束缚,由此导致畲族传统文化中强烈的女性意识,对女性的尊崇礼俗逐渐褪去。到了现代,畲族家庭多为多子女家庭,家庭经济的重压,生存的艰难使畲民更加看重男性,“女不如男”的思想逐渐被强化,严重的性别偏见与歧视导致畲民在教育投资上偏重于男性。畲民多认为女孩学习没有用,迟早是要嫁到别人家,如果女孩读书,不仅不能承担家庭劳动,还要为她负担生活费,这对于经济条件差的畲族家庭来说无疑是一笔不小的负担,即便是女孩上了小学,仍要照顾弟妹、做家务,如若家庭中出现家人生病,劳动力减少等变故,女孩必须辍学回家。仍有很多畲族女孩很难顺利的完成九年义务教育。

现代的畲族女性学校教育立足于女性观念解构再建构的大背景下。一方面,畲族民族原生文化中女性的权威、对于女性家庭较高地位的尊重逐渐被解构;另一方面,在现代性别观念的影响下,现代化的畲族女性观念也在建构中。

畲族女性观念的解构可能是历史推进中的必然，但也令人惋惜。社会中关于两性各方面观念的解构再重构，势必又有留下新的历史遗留观念。

畲族女性善于编织、刺绣等手工工艺，以前，畲族姑娘从幼时起便要跟着母亲学习刺绣、编织彩带等手艺，刺绣、编织的好坏直接关系到姑娘是否心灵手巧。彩带还是姑娘结婚时要赠与男方的重要回礼。另外，畲族女性善于唱歌，歌教也是畲族重要的教育手段。但是现在的畲族中女性编织、歌教等习俗逐渐消失，畲族传统服装"山哈娜装"也逐渐被现代实用性服装所替代。根据本书课题组对 466 位畲族小学女生的问卷调查结果来看，有 40.6% 的受访者所在小学偶尔教畲族民歌，而 27.2% 的学生表示学校从来没有教过。民族特色教育的缺失，导致很多畲族姑娘不再会唱本民族歌谣，不再擅长编织，畲族传统的民族文化正在逐渐逝去。学校通识知识的教育，逐渐挤占了民族文化的教育，畲族女生在学校生活中，几乎没有受到民族文化的特色性教育。在这样的环境下，也不能很好地展现出本民族的风采和优势。

大部分关于少数民族的研究中都提到少数民族教育中保持民族特色的重要性。少数民族的文化是一个国家乃至世界的文化瑰宝，在少数民族的日常教育中如果不对其传统文化礼俗进行教育传承，长此以往带来的是特色文化的消亡。畲族女性教育也是如此，民族歌谣、编织等习俗需要在教育中得到传承，反过来这些习俗也同样带给了畲族女性学校教育特色性的发展空间。

综上所述，关于畲族女性教育的内核文化层面的问题主要体现在两方面：一是对于女性认识还不够，二是对于教育的认识仍浅显。在畲族女性学校教育中需要对这两方面着重进行建设，吸取各民族学校的建设经验，平等地对待女性，丰富教育教学的内涵，将民族特色不断地融合进教学中。

第六章　畲族女性学校教育发展的对策

基于民族定义，以及以有关学者对教育的定义为基础，中央民族大学滕星教授认为，民族教育在概念上应该表述为：民族教育，是指对一个有共同语言、共同地域、共同经济活动以及表现于共同的民族文化特点上的共同心理素质，这四个基本特征的稳定的共同体的文化传播和培养该共同体成员适应本民族文化的社会活动。[1] 然而在现代民族国家与全球化的背景下，民族教育就有新的使命，不仅要满足国家认同与国家整合的合理要求，而且也要回应全球化对公民素养所提出的新的挑战。

对于一个具有相同语言、地域和经济活动，具有共同民族文化特点和相同心理素质表现的民族，其文化传播绝不应该仅仅限于共同体自身文化。共同体成员在共同的民族文化背景下培养长大，这些成员也绝不应该仅仅适应共同体的社会和文化活动。少数民族传统教育可能主旨是传承本民族文化并培养本民族人才，但是，在现代民族国家背景下，自学校教育产生后，民族教育也传播了国家认可的先进文化和全世界共同的优良文化，民族教育不再像过去那样，只限于传播其本民族文化。因此，从人才培养的角度出发，

---

〔1〕 滕星：《民族教育概念新析》，载《民族研究》1998年第2期。

民族教育不仅要培养适应民族文化和社会活动的人才，还要为整个国家乃至世界培养各种层次的人才。

女性教育是民族教育中不可缺少的一环。作为民族教育的一个不可分割的重要组成部分，现代畲族女性教育发展不仅能够代表民族教育发展的水平、层次与质量，而且切实地关涉每位畲族女性的个体发展与生活质量。现代畲族女性教育培养的不只是畲族女性传承发扬本民族文化的能力，还有适应国家需求、适应世界发展的能力。在面向更广大的舞台，畲族女性能自信地发出个体的声音、民族的声音、国家的声音，传播民族和国家的文化。因此，通过教育政策来解决当前畲族女性学校教育所存在的问题，是一个非常有意义，而又迫切的课题。

第一节　教育政策理论的选择

教育政策是一种公共政策，也就是说，利用国家公共权力来解决教育的公共问题。有学者认为，“教育政策是国家和政府制定的调整教育领域的社会问题和利益关系的公共政策”[1]。以问题为导向，解决畲族女性学校教育现存的问题需要提供一种正当、合理、恰切的教育政策，除了考虑特殊的民族利益与国家公共利益之间的复杂关系之外，还要考虑女性对自身利益的正当诉求。因此，在畲族女性教育政策的理论思考与选择上，应该在双重的理论视野下来考虑畲族女性教育的政策制定。即一方面要从理论上思考教育政策如何应对畲族文化与共同文化之间的关系，另一方面要从理论上思考教育政策如何公正地促进畲族女性的发展。不同的民族、不同的性别，形成了不同的民族文化与性别文化，然而不同的民族与性别出于共同生活的内在要求却要求形成某种公共的、共享的文化。出于这种民族、性别的差异性与公共性的考虑，一种基于“多元一体化视角”的多元文化整合教育是促进与发展畲族女性教育的必然选择。

---

[1] 刘复兴：《教育政策价值分析的三维模式》，载《教育研究》2002 年第 4 期。

一、多元文化教育的源起

从理论上来说，对少数民族文化与女性地位的重视，可以用“多元文化主义”（Multiculturalism）这一思想和政治运动加以理解。用加拿大当代著名政治哲学家威尔·金里卡（Will Kymlicka）的话来说，多元文化主义起源于一种现代社会的根本特征，“深刻的多样性和文化多元性”，由于这种多样性往往受到所谓正常模式的忽略与压制，从而“遭到被排斥、边缘化、被迫沉默或者被同化的命运”。〔1〕也就是说，类似于少数民族、妇女、移民、土著等群体，即使他们享有共同的公民资格权，仍然由于历史演变、文化习俗、宗教观念和社会结构的原因，在文化身份与社会地位上处于某种被边缘化的处境。就此而言，多元文化主义起源于对同化主义政策的反弹与抵制，这种政策导致少数民族等群体一方面要被迫与文化母体疏离，另一方面因为现实歧视与不平等而无法融入主流社会。〔2〕

直到20世纪五六十年代，随着美国民权运动的进展，反对歧视、不平等的待遇成为少数族群的基本诉求，而且随着这股民权运动的潮流，各种社会思潮、社会运动也是风起云涌，多元文化主义具有了丰富的社会内涵，才受到了社会的广泛重视。一方面，少数民族群体要争取文化认同，并争取实现在社会地位和政治权利上的平等；另一方面，除少数民族以外，一些社会弱势群体也在为自己的合法利益而战。民权运动呼应了社会弱势群体的斗争，引起了社会和政府的关注，并将这些所有的弱势群体视同为一个集合体。就此而言，在争取少数群体的平等权利和合法利益的过程之中，女权主义与多元文化主义有着共同的社会意识与改革意识，虽然它们所面对和要处理的具体对象有着各自的特点。

女权主义的关注点在于，虽然在现代国家和现代法律保障了女性享有接受教育、工作与从政的平等权利，但是相关的法律法规并没有带来性别平

〔1〕［加］威尔·金里卡：《当代政治哲学》，刘莘译，三联书店2003年版，第585页。

〔2〕万明钢、白亮：《西方多元文化教育与我国少数民族教育之比较》，载《民族研究》2008年第6期。

等。[1] 由于社会结构的原因,女性更多地被束缚在家庭之中,由于社会以性别的方式预先确定了职业,女性在个人的发展上就受到了不公正的限制。所以,威尔·金里卡认为,导致女性不平等的原因不在于存在某种性别歧视,而是在于存在一个使女性受到支配的社会结构。[2] 由于这种支配性的社会结构,就会形成一种相应的社会文化,在很大程度上决定女性教育的价值导向,并影响女性发展的实际水平。

简言之,促使多元文化主义主张被教育界采用,其主要原因正是由于多元文化主义和女权主义所包含的平等主义倾向,形成了多元文化教育理论的思潮。

20 世纪 60 年代,多元文化教育在美国形成。彼时,非裔美国人和其他族裔对平等教育提出了许多要求,美国的民权运动对教育产生了重大影响。例如,学校应该雇用包括老师和行政人员在内的更多有色人种,以便使学生们可以看到自己民族成功人士的榜样;各族裔的历史和文化必须要反映在学校课程里;等等。随后,美国的妇女和其他弱势群体,如同性恋者、残疾人士、老年群体等,纷纷抗议对他们的不公平对待,并要求有关教育机构对他们的要求做出回应,保护他们的权利。而作为对诉求的回应,多元文化教育在美国开始实施,相应地,多元文化教育理论得以创立。

何谓多元文化教育?在这里,本书认可在美国多元文化教育学者詹姆斯·A. 班克斯(James A. Banks)的观点,认为,多元文化教育至少应该具有三层含义。首先,多元文化教育是一种思想或观念,这种思想或观念主张,所有学生,无论他们属于哪个群体,例如性别、种族、民族、社会阶层、宗教信仰或特殊的人群,都应该在学校里体验到教育平等;其次,多元文化教育又是一场教育革新运动,规划并引领着学校革新,以确保少数民族学生获得成功的平等机会;最后,多元文化教育还是一个持续的教育过程,是为实现教育平等及消除所有形式的歧视这个理想在不断努力的过程。

从教育政策选择的角度来讲,作为畲族女性教育的政策基础,多元文化

---

〔1〕 [加]威尔·金里卡:《当代政治哲学》,刘莘译,三联书店 2003 年版,第 672 页。

〔2〕 [加]威尔·金里卡:《当代政治哲学》,刘莘译,三联书店 2003 年版,第 680 页。

教育理论对促进畲族女性教育,具有明确的指导作用,它一方面坚持一种平等主义的倾向,坚持使所有畲族女性能够获得平等的教育机会;另一方面坚持认为学校教育应该有利于畲族女性发展一种对多元文化的欣赏能力,形成多元文化的认同以及进行跨文化沟通的生活能力。有学者认为,我国当前的民族教育政策在体现多元文化主义方面还存在一定的局限性,第一,由于多元文化课程的匮乏,因此存在各民族之间的文化割裂;第二,存在文化同化的现象,国民教育过度强调标准化和一致化,对文化差异的认识与异文化的尊重不够,并且导致本民族的优秀文化传统濒临失传[1]。这些问题都表明,制定畲族女性教育的多元文化教育政策有着现实的针对性。

二、多元文化整合教育的内涵

在教育政策的选择上,畲族女性教育虽然有必要采取多元文化教育理论以促进民族优秀文化的传承,同时使畲族女性能够得到更高水平的发展。但是,中国民族教育与西方多元文化教育的实践相比,有其自身独特的地方,这与中华民族的历史传承与现实构成有着内在的关联。

著名社会学家费孝通先生认为,中华民族具有多元一体的格局。1996年日本举办的"中华民族多元一体论"的国际学术研讨会上他又进一步提出,中华民族是由56个民族构成的民族实体,在其中汉族发挥着把各民族凝聚成中华民族的核心作用,因此不仅存在中华民族的高层次认同,也存在不同民族自身的低层次认同[2]。著名史学家戴逸认为,费孝通先生的"中华民族多元一体论",是在确认各民族平等和共同繁荣的原则上对中国现实民族关系的判断,对研究历史上的民族关系提供了一个清晰的视角。

在费孝通先生的"多元一体格局"理论的启发下,结合对国内外民族教育理论和多元文化教育理论的长期深耕,滕星教授曾率先提出一种他称之为"多元文化整合"的"多元一体化"民族教育理论。在滕星教授看来,"多

---

〔1〕 尹玉玲、唐小平:《论国家民族教育政策的理性选择——基于多元文化主义的视角》,载《民族教育研究》2013年第1期。

〔2〕 费孝通:《简述我的民族研究经历和思考》,载《北京大学学报(哲学社会科学版)》1997年第2期。

元文化整合教育”即“一个多民族国家的教育，在担负人类共同文化成果传递功能的同时，不仅要担负传递本国大主体民族优秀传统文化的功能，而且也要担负起传递本国各少数民族优秀传统文化的功能”[1]。

后来又有学者分析提出，在中华民族多元一体格局的形成之中，汉族核心作用的发挥主要是通过华夏——汉族文明传播与濡化的方式得以实现的。在中华民族从分散到整体的聚拢过程中，起凝聚作用的不是汉族这个民族，而是以汉族为代表的，在当时国内各民族眼中处于“先进水平”且为大家所崇拜和景仰的“汉文化”[2]。无论汉族还是少数民族都有其独特的民族文化，而且在漫长的人类历史发展进程中，由于各民族的文化传承及其互相的交往、交融，逐渐形成多种民族文化共生在一个多民族国家里，组成了一个“共同文化群”。因此，在中华民族的多元一体格局之中，多元是指各兄弟民族有其各自的民族起源、发展的历史，文化、社会也各具特色，从而形成多样性的民族文化。“一体”则是指各民族的发展相互联系、相互依存又相互补充，且与中华民族的整体利益有不可分割的内在关系，由此形成一种普遍的文化认同。就此而言，一种追求平等与公正的性别文化理应被纳入这种公共文化之中，成为打通各种多元文化的一体格局。

在现代社会之中，对个体主体性与个体选择的崇尚，使这种多元一体格局呈现出新的现实形态。著名社会学家、人类学家赵旭东认为，在现代民族国家的背景下，由于现代社会对于个体主义的崇尚，对于多元的理解又出现了新的变化，现代的多元景观越来越建立在个人主体性的基础之上，形成了一种强调主体身份差异与社会主体多元的新格局[3]。同样，这种多元格局越来越建立在强调个人尊严、自由、平等这种新的现代一体格局之上。就此而言，中华民族的多元一体格局只有建立在现代公民国家对于个人尊严与权利的平等保护的基础上，才能包容各民族的文化多样性，并且把由个人选

---

〔1〕　哈经雄、腾星：《民族教育学通论》，教育科学出版社2001年版，第7页。

〔2〕　孙秋云：《费孝通“中华民族多元一体格局”理论之我见》，载《中南民族大学学报（人文社会科学版）》2006年第2期。

〔3〕　赵旭东：《一体多元的族群关系论要——基于费孝通“中华民族多元一体格局”构想的再思考》，载《社会科学》2012年第4期。

择与社会文化的互动生产所形成的各种亚群体文化的多样性也包容进去，使之具有更加广博与丰富的内涵。因此，在中华民族的多元一体格局之中，对于畲族女性教育的教育政策选择，一方面既要认识到有一种公共的先进文化作为各民族与社会主体一体化的苗圃和平台，另一方面要认识到这种教育政策必须把畲族文化的异质认同与女性文化的平等认同包纳进来。

中华人民共和国成立以来的很长一段时间，无论是少数民族地区还是汉族地区的学校，无论从学校环境、教学内容、教学方式和方法都遵照同一模式，忽视了少数民族和汉族在历史与现状上存在的差异，影响了少数民族教育传承本民族文化这一功能。因此，不管是“中华民族的多元一体格局”还是“多元文化整合教育”内容的提出，除了主体文化之外，有必要吸收少数民族文化的内容，这也契合少数民族的民族发展趋势。比如畲族，其鲜明的民族特征就决定了它需要在文化认同、传承、交流和创新过程中融合其他民族文化，特别是主流文化，以适应全国文化发展，促进本民族文化的传承与弘扬。未来会有越来越多的畲族女性走到更广阔的环境中，同汉族或者其他民族的孩子一起学习、生活。

另外，立足于中国的多元文化整合教育，基于各民族教育公平的前提下，强调教育事业中民族团结所焕发出的民族文化生命力。少数民族不仅要学习自己的优秀文化传统，而且要学习中华民族共同的优秀文化，以提高他们适应主流文化社会的能力，与社会的发展保持同步，实现民族的进步。同样，汉族人除了学习自己的文化外，还必须了解少数民族的优良传统文化，以增强民族共赢意识。因此，开展多元文化整合教育，对于畲族女性来说，其意义在于：第一，继承中华民族的优秀文化，强调文化共荣；第二，传承本民族优秀文化，强调文化一脉相承和与时俱进；第三，推动民族文化交流，强调各民族相互尊重、平等、友好与和睦相处；第四，促进对女性在人类事业中所做贡献的认同；第五，保障各民族女性享有与男性平等的教育机会，公正地促进女性在经济与社会结构中的平等地位。

总之，基于多元文化整合教育的政策要求，民族教育在多元化发展进程中不只是要传承且把本民族优秀文化发扬光大，还需兼收并蓄其他民族的优秀文化成果,更主要的是,要认同主流文化,否则,该民族的个体将不可能立足于主流社会,更谈不上发展。但是,主流族群与少数民族的主体性以及学习主流文化与本民族传统文化传承之间,因为文化的差异性容易产生矛盾。另外,在主流文化背景下,少数民族教育可能为了跟上主流文化的脚步而失去它的独特性,从而导致民族性得不到很好的体现,进而阻碍民族特色教育的发展。

因此,如何在主体文化教育的背景下体现少数民族在教育当中的主体性和民族性,是今后探索少数民族发展过程中需要不断深入的一个命题。同理,针对畲族女性的多元文化整合教育也需要在比较中不断优化、丰富,才能最终成形。需要同西方多元的文化教育理论相比较,同其他民族的教育理论相比较,最终得出适合于本民族的教育理论。

三、优化多元文化整合教育的途径

如何得出最适合畲族女性教育的多元文化整合教育,从而形成系统的理论,一以贯之,最重要的一个方法是比较。通过与其他国家比较、其他民族比较、其他性别比较,从而得出最适应于中国大环境的畲族女性教育。

赵彦俊在其《民族教育理论:跨文化比较研究生成》中提到,以单一主流文化进行民族教育研究,其结论的外在效力是不高的,是缺乏解释力的,应将多文化进行比较研究,从而建立民族教育理论的适用性[1]。比较是丰富和优化理论的基本途径,他在文中提出了七点比较之于理论的丰富意义。下面笔者就这七点进行延展谈论,论述比较在畲族女性学校教育发展中的具体意义。

第一,在比较中寻求更深刻的理解。本质上来讲,比较研究是科学探索,它鼓励人们对民族教育进行更深入的探究。客观事物的差别总是存在的,哪怕是细微的差异,都需要通过比较,去进行论证,作正误的评判,作利弊的权衡,这是认识事物的起点[2]。比较可以避免认识的片面性。畲族女

---

〔1〕 赵彦俊:《民族教育理论:跨文化比较研究中生成》,载《民族教育研究》2009 年第 2 期。
〔2〕 赵彦俊:《民族教育理论:跨文化比较研究中生成》,载《民族教育研究》2009 年第 2 期。

性教育的发展道路需要借鉴其他民族的教育发展。例如,瑶族、黎族等少数民族是如何发展女性教育事业的,取其可取之处;汉族女性教育事业又是如何发展的,比较得出汉族主体文化和畲族民族文化的差异,有利于之后和汉族同胞更好地和谐相处、共同进步。同时需要借鉴男性教育的发展,男性教育的发展过程中有什么不当之处是可以在女性教育中规避的;男性和女性在教育上的差别主要体现在哪,这样的差别在教育展开的过程中应该如何去体现。观察民族之间的差别,以畲族特殊性为主轴,吸取经验,因地制宜;观察两性之间的差别,寻找女性教育改善的突破口,发现并改善两性教育之间的差距。

第二,在比较中求认识的科学性。比较研究可以从整体中找出个体,进而找出庞杂的民族教育思想和活动里存在的共同规律。从比较中还可以发现民族教育的新问题,推动民族教育前沿研究[1]。在中华民族长久发展的历史中,包括畲族、汉族在内的各个民族的教育事业多次解构又多次重构,在不断构建的过程中,可以抽离出普适于各个民族的发展规律。如任何民族的教育发展都绕不开女性教育,教育事业需要两性教育两条腿一起走。

第三,在比较中认识民族文化的开放包容。对不同的民族教育理论的比较研究,开放意味着打破传统模式的障碍,突破以往民族教育的封闭性。取其精华、去其糟粕是通过比较丰富民族理论的方法之一。不同民族或多或少都存在一些长久积累的陋习,而这些陋习极有可能会反射到教育中去。通过比较去改善或者摒弃陋习,学习长处。大部分畲族女性在家庭中的地位,还是传统文化影响下的女性形象,在家庭中会更多地被成为牺牲的那一方。而西方教育中强调女性的独立自主尊重,这是畲族乃至整个中华民族在女性教育中需要去借鉴的。除此以外,西方教育中还有许多值得我们去学习的地方。在西方多元文化教育理论中,场景依赖型和场景非依赖型是应用性最广泛的学习类型。场景依赖型的学生一般来说容易受周边环境影响,也就是说他们对学习环境比较敏感,喜欢观察式学习,并且会使用已经组织好和已经习得的知识。场景非依赖型学生集中于自身,社会交往能力

---

〔1〕 赵彦俊:《民族教育理论:跨文化比较研究中生成》,载《民族教育研究》2009 年第 2 期。

较差,喜欢独立做事,有独特的学习方法。研究证实:个体的学习类型是场景依赖型,还是场景非依赖型,与相应的文化背景有关。例如,墨西哥裔美国人往往更倾向于场景依赖型学习。换言之,中西多元文化教育手段的侧重点不同。西方少数民族教育更为强调教育中的文化差异性,教育教学方法因学习个体的文化背景而异,而我国则更重视共性。因此,中国的少数民族教育可以强化文化对应方面的教育,进而由文化对应引申到性别对应上去。

第四,在比较中认识民族特色。民族特色是民族教育理论的价值所在,更是开展民族教育活动的重点。在不同文化背景民族教育理论的基础上进行比较研究,一是为了坚持和展示自我,二是为了优化自我。在比较研究中可以改善和发展自己的特色,从而强化本民族教育的生命力[1]。畲族有着不同于其他55个民族的特色,而这个特色是在比较中发现挖掘的,可以通过教育进一步扩大特色优势。畲族女性擅长女红,善于编织和刺绣等手工工艺,在畲族女性学校教育中可以增强这一部分的教育,与当下热门的文创创意产业相结合,开办相应的女红课程,与畲族旅游资源相结合,形成独特的教育优势。

第五,在比较中认识民族文化的个性,追求文化认同的共性。我国是一个多民族多文化国家。少数民族经历5000余年的历史沿革,创造并积累了丰富多彩的民族优秀文化。通过跨文化比较研究,从认识论和方法论的角度看,可以通过理论研究者的一般意识和思想,在比较中探索对象的个体特征,开展理性的个体研究和具体研究。民族教育的现实发展逐渐重视同一性下的差异性培养,而我们在民族教育的研究中,更应该重视两者之间的共存性。差异和统一是需要兼顾的。民族地区的各种教育形态能够在保持相对独立、彼此尊重的基础上,以互相补充、促进为原则,进而形成互惠共赢的关系,实现多种教育形式的共同发展。对于畲族女性学校多元文化整合教育而言,需要民族特色即个性的教育,但是也需要认同中华民族主流文化,

---

〔1〕 黄宗植:《西方多元文化教育理论及其实践对我国少数民族教育的启示》,载《民族教育研究》2004年第6期。

绝不能忽视我国民族文化教育的同一。畲族女性学校教育也需要在和汉族学校教育的比较中,发现两者共同的群体意识和整体思维,寻求民族命运体之间强有力的共性联系。

第六,在比较中寻求变化发展。民族教育具有变化性,尤其在各种因素影响下,无论在时间的纵向发展上,还是在空间的水平变化上,民族教育都是异彩纷呈。然而,即使进行跨文化比较研究,其目的也是研究变化的规律。在变化中继承本民族优秀传统文化并在此基础上继续发扬。发扬的前提是传承,即保持自身优秀传统文化的稳定性。其次才是吸收其他民族优秀文化为我所用。这种横向借鉴的意义在于推动自身发生积极变化[1]。畲族在不断变化的社会背景下,其新的文化因素在原有的传统文化基础上产生。对新兴事物的接受转化和运用,成为畲族民族教育发展的必由之路。只有在传承的基础上创新,才能与飞速发展的社会接轨,与飞速发展的社会生产力相匹配。国家的种种民族扶持政策,正在大力帮扶少数民族稳步创新发展。畲族正在国家民族政策的指导下稳步地发展,而教育是立人之本,畲族的女性教育需要跟上民族发展的步伐,在和其他民族文化教育的对比中寻求创新变化,摸索出一条有效的发展道路。

第七,在比较中走向科学化。这是民族教育发展的归宿。民族教育最为直接且最为重要的作用,就是通过教育的方式培养优秀的人才,传播优秀的文化。教育和传播没有固定范式,但有着明确的努力方向——科学化。一个科学化的民族教育理论体系,是每个民族教育理论研究者都在努力为之奋斗的。

畲族女性学校教育中多元化教育理论的选择是基于我国多民族环境下的必然选择。即使理论提供了多元教育的大方向,要求既要学习本民族文化,又要学习主体文化的大方向,但是其具体的实施操作仍需要深入调查,具体情况具体分析。各畲族地区的发展不同、学校的情况不同,可通过多维度的比较自行选择适合本地情况的不同实施方法。方法虽然不同,但有一些可供遵循的原则。

---

〔1〕 赵彦俊:《民族教育理论:跨文化比较研究中生成》,载《民族教育研究》2009 年第 2 期。

(一)相互尊重

多元文化教育要在少数民族地区得以实现,首先需要坚持相互尊重的原则,认同彼此文化存在的必要性和合理性。对彼此的教育价值、教育内容持尊重态度,避免相互竞争和排挤。相互尊重是少数民族地区多元文化教育得以实现的前提条件。

多元文化教育语境下的相互尊重除了教育学生应平等对待不同的文化形态,以客观的态度来对待他者与自身的文化差异,理性分析彼此文化特点和优势,互相学习,扬长避短之外,还应该教育学生对不同少数民族的宗教信仰持尊重态度。这同样是实现多元文化教育的关键。畲族的宗教信仰多样,除了传统的民间信仰之外,受到外部影响,也有佛教、基督教等信仰存在。学校对于宗教教育不能一律认为其实愚昧、迷信的活动。在这种狭隘观念下,学校将完全忽视民族地区传统教育形态的优势,更不会将其放到与普通学校教育相互补充、促进的地位。一些少数民族地区出现弱势的地方教育向普通学校教育靠拢的现象,甚至是被取代。这对于少数民族地区多元文化教育发展是极为不利的,因此,学校教育必须调整自身对于民族宗教信仰及民族文化的态度,才能进一步实现多元文化教育的目标。与此同时,还要提高少数民族群体的民族文化自觉性。比如,在面对现代文化的冲击时,一方面应该意识到现代先进的文化能够帮助其适应现代社会生活,推动其融入现代社会节奏,促进当地发展。另一方面少数民族群众却往往会因为现代文化的冲击而忽视甚至丢弃民族自身优秀的传统文化,如畲族的传统服饰、编织手艺等。

总之,多元文化整合教育应该对不同的文化一视同仁,在平等的基础上尊重差异,实现求同存异。

(二)相互适应

最早比较明确提出“适应”这一概念的是生物学家达尔文,用其来描述生物对所处环境的顺应,即生命体能够根据周边环境的变化来进行自身的调节,从而实现个体与环境的契合。这一概念进入中国是在清末时期,严复翻译了《天演论》,为了让国人增强危机意识,在书中提出了著名的"适者生存"理念。只要有一种外来文化进入本土文化,本土文化便会进入适应阶段,逐渐产生变革与新的文化元素进行融合。文化之间的适应是相互的,本土和外来文化必然存在差异,不同文化之间的相互适应也是实现多元文化整合教育的重要过程。

少数民族地区多元文化教育要实现相互适应,首先,应该对多种文化并存的现状有客观认识,意识到各种文化形态的存在有其必然性。其次,学校教育在少数民族多元文化教育整合的建构中,要以量体裁衣为原则,认识到少数民族地区在社会、经济、文化方面都存在特殊性。一般来说,少数民族学生在正式进入学校教育之前,在家庭或周围环境影响下,或多或少获取了有关本民族传统文化的知识,这些知识有明显的民族性,而普通学校教育所给予的教育与民族知识并无太大关联,这就容易使少数民族学生在学习过程中感到受挫。因此,学校教育应立足于现实进行教学内容、方式和结构的调整和改革。

(三)相互补充

学校教育并非能够解决育人的一切问题,在对人的培养方面也有自身的局限性,特别是针对少数民族教育来说,在传承民族文化方面能够发挥的作用有限,必须将少数民族地区传统文化与新时代文化教育相结合,才能够让少数民族地区在传承民族传统文化的同时,能不断吸收新的科学文化知识,促进少数民族地区的全面发展。

第二节　教育政策价值取向的选择

国家力量是现代社会发展过程中一股强有力的力量。教育政策作为国家教育管理体系的总枢纽,一直以来都是教育领域的焦点所在。一个国家的意识形态和价值取向是重要体现就是其教育政策，因而，分析教育政策就必须透过表面化的文本政策，探究政策制定的真正动因，也就是该国的意识形态和价值取向才是教育政策的原始内驱动力。

一、教育政策价值取向选择的内涵理解

一般来说，教育政策是指"国家为完成一定教育任务，实现教育目标，而协调教育的内外关系后作出的一种战略性、准则性的规定"[1]。因此，作为国家与政府选择的产物，教育政策在现象形态表现为一种价值选择，教育政策作为教育领域的政治措施，都代表做什么或不做什么的价值选择，蕴含着禁止什么或激励什么的价值选择。

有关价值，马克思认为这个普遍概念产生于人们"对待满足他的需要的外界物的关系"[2]，标志着"物对人的有用或愉快等属性"[3]。上述价值的相关表述，马克思已经指出了价值的内涵，即客体以自身属性满足主体需要，价值反映出了主体客体之间的一种效益关系。从中我们可以看到，价值虽然取决于客体认知，然而客体并不能完全决定价值，价值也取决于主体，同样地，主体也不能完全决定价值。以女性学校教育角度来说，价值即是受教育的女性对教育需求的满足。

就此而言，教育政策的价值选择具有一种合目的性，要符合价值主体的价值需要与价值尺度，教育政策总是在一定的政策价值观的指导下做出的。因此，在本体形态上教育政策的价值选择表现为价值选择的合法性。在尤尔根·哈贝马斯(Jürgen Habermas)看来，合法性意味着"某种政治秩序被认可的价值"[4]。现实中，由于教育政策的价值选择总是关涉教育资源与利益的分配，实现教育政策的正确价值取向，必须保证教育资源和利益分配的

---

〔1〕 孙绵涛：《教育行政学概论》，华中师范大学出版社1998年版。

〔2〕 《马克思恩格斯全集》(第19卷)，中共中央马克思恩格斯列宁斯大林著作编译局译，人民出版社1975年版。

〔3〕 《马克思恩格斯全集》(第19卷)，中共中央马克思恩格斯列宁斯大林著作编译局译，人民出版社1975年版。

〔4〕 [德]哈贝马斯：《交往与社会进化》，张博树译，重庆出版社1989年版，第184页。

合法性,也就是要符合一般的规则和规范,比如在利益分配要遵从实质公正和程序公正的原则,这样才能被大众认可与接受。

此外,教育政策的价值选择不仅应具合法性,同时还需具备有效性。因为教育政策一旦制定,接下来的程序就是政策顺利实施和推进,只有这样,才能以最小的成本解决问题,推动教育领域社会关系的调整,实现教育利益的有效调整和分配,也就是政策目标如何"完整、真实地转化为政策结果的过程"[1]。因此,对于价值选择来说,教育政策的有效性,是指通过一定手段所实现的结果应该与教育政策所确立的目标具有正相关的特征。从一个客观的角度来说,这就要求教育政策的总体过程与程序能够具备从手段到结果的合规律性特征。

综上所述,教育政策具有导向、协调、控制和规范等方面的公权力。畲族女性学校教育中,九年义务教育是基础性的教育,其本质是一种规范控制教育义务、权利的教育政策,具有导向和协调性,保障了畲族女性最基本的教育权利。在教育运行过程中,包括决策主体、对象主体、执行主体、咨询主体、评价主体这五个方面,他们构成了教育政策的主体。根据其在制定和实施教育政策中的不同作用,对象主体又被称作"第二主体",其他四个方面又合称"第一主体"。主体不同,功能不同,那么他们对教育政策的需要自然也是有差异的。在畲族女性学校教育中,教育政策制定者即决策主体可能更看重的是教育政策的公权力,而规范作用也许是咨询主体和评价主体更为重视的,教育执行部门由于是执行主体,更看重的可能是其协调作用。畲族女性作为对象主体,主要看重的是价值,即教育政策可能对自己产生的直接效益。

一项教育政策的出台都是在不同的价值取向中做出取舍后的结果。任何一项教育政策都是一种针对教育领域采取的政治措施,教育政策的价值选择是集体或政府基于价值判断基础上所作出的选择。它体现了集体或政府对于教育的期望和追求,表达了集体或政府在教育方面的价值取向。教育政策要解决的什么问题以及集体或政府的价值观,是影响教育政策

---

[1] 刘复兴:《教育政策的边界与价值向度》,载《清华大学教育研究》2002年第1期。

价值的集体或政府选择的决定性因素。具体教育政策的出台体现了集体或政府想要解决什么样的教育问题，其具体内容中同样蕴含着政策制定者（集体或政府）的价值选择。集体或政府有何种教育政策价值观，政策制定者就会作出相应的价值选择，所以，教育政策价值观是教育政策价值取向的基础。

历来受民众关注的往往只是教育政策本身，从而忽略了教育政策背后的价值体现。孙绵涛、邓纯考提出，我国的教育政策深受传统政策文化以及制度框架惯性的影响，所以长期以来，我们忽视了教育政策的本体价值，重视教育政策的实践价值，也就是说，我们的教育政策是以社会本位为中心，人为地割裂教育政策的完整内涵，造成教育政策价值取向的错位。[1] 如竞赛保送、自主招生、附加项加分等措施，试图通过相关政策的制定来平衡某种程度上的不公，但是忽略了教育政策的本体价值。这种错位是教育资源不公平分配的主要根源，产生了城市是教育政策制定的重点而农村被忽视，精英阶层占有更多教育资源等教育问题。

二、教育政策价值选择的表现形式

如前文所述，目的性、有效性、合法性等因素，都是教育政策价值选择过程中无法回避的，所以有必要对教育政策价值选择的表现形式进行更为具体的分析。从价值选择的合目的性与合法性的角度来讲，按照教育政策价值所指向的主体，可以分为个体价值与社会价值。从教育政策价值选择的有效性来说，从价值的理想和现实的视角，我们可以把教育政策细分为应用价值与实用价值；从价值形成的过程和结果看，可以划分为隐性价值与显性价值；而从价值外化产品本身及其品衍生价值视角分析，教育政策还具有直接价值和间接价值。[2]

---

〔1〕 孙绵涛、邓纯考：《错位与复归——当代中国教育政策价值分析》，载《教育理论与实践》2002 年第 10 期。

〔2〕 孙绵涛、邓纯考：《错位与复归——当代中国教育政策价值分析》，载《教育理论与实践》2002 年第 10 期。

1. 个体价值和社会价值

个体价值和社会价值是政策在制定过程中必须要考虑的价值取向。个体价值,是指个人在生产生活中为满足个人生存和发展需要所具有的意义。主要表现为对自身物质和精神需要的满足。人的需要是多方面的,个体价值的实现也呈现出多样化。如个人基本生存条件的满足,个体对社会身份的确认和尊重,以及在思想、伦理、人格等方面的自我完善等。个体价值的实现,是人类的共同追求,也是个人实现价值追求的动力和表现。

个体的社会价值是个体对社会发展的意义,是个体对社会需要的实现和满足,主要表现为个体通过体力或脑力劳动创造对社会所做的贡献。基于这一概念,在个体与社会价值的关系中,个人对社会的贡献大小决定了其社会价值的大小。

但是在教育政策层面,这两者其实本质上并不存在冲突。受教育既是权利也是义务,接受教育不是个体价值抑或是社会价值的牺牲。相反,畲族女性接受教育,对畲族女性个体来说,是个体价值的升值;对整个畲族群体乃于整个社会来说,也是社会增值的手段之一。

2. 隐性价值和显性价值

教育政策之显性价值,是指从教育政策本身看,它所体现的价值。教育政策之隐性价值,是指各种利益整合的价值形态,这是教育政策文本中暗含的。教育政策应更加重视各种隐性价值,并以显性价值为积极参考。公众对教育政策的理解通常基于他们对文本政策的理解,因为看上去一目了然。而业界对于教育政策的研究很容易成为文本摘要和评论,因为教育政策研究通常始于文本政策研究。这将导致社会对教育政策产生一种文本盲从的路径依赖。

文本的颁布是制定教育政策的结果。生成策略本身则是一个更纷繁复杂的过程。一般来说,政策拟定涉及诸多步骤,如确定要解决的问题、讨论议程、政策规划制定,合法化并接受政策、政策效果评估等。如果过分强调教育政策的规则而忽略了制定教育政策的过程,那么结果就是“知其然而不知其所以然”,关注层面只流于教育政策文本形式本身,其实这是教育政策实际运作中的一个方面,那么在教育政策的实际执行过程中,必然出现对片面理解或误读,从而影响政策的效果。

教育政策价值被曲解、片面化,造成管中窥豹的错误,也就无法从整体理解整个教育政策真正的价值走向。隐性价值与显性价值的联系被割断,造成了一种普遍现象,即公众看不到文本政策背后隐藏的不确定的利益整合过程,而是关于从思维定式出发,觉得概念、政策、权威等,它们始终是一成不变的,并最终指向固定和封闭的某种事物,从而导致理论与实践的分离。[1]

在教育政策的价值选择中,相较于显性价值,我们应该更关注隐性价值,那些隐藏在政策咨询和利益整合过程背后,并在这一系列过程之后形成并凝固下来的价值。畲族女性学校教育政策表面看可能是针对畲族少数民族提出的几条规则,但实际背后所蕴藏的隐性价值是畲族和汉族利益整合后的价值形态,体现的是游动的事物之间深刻的关联性。

3. 应用价值和实用价值

教育政策的实用价值是指在事实上,教育政策“实现了什么样的价值”,即“是什么”。教育政策的应用价值是指它“应该实现什么样的价值”[2],即“怎么样”。对于教育政策的理论价值来说,我们更要重视其应用价值。对此,我国著名的教育家傅统先先生早就表达过相同的主张。他认为,我们可以把教育价值划分为两部分,即“教育的价值”和“教育中的价值”。“教育的价值”是“怎样的活动才具有教育的价值;“教育中的价值”是“教育应该在学生身上培养哪一种价值”。[3]

---

〔1〕 孙绵涛、邓纯考:《错位与复归——当代中国教育政策价值分析》,载《教育理论与实践》2002 年第 10 期。

〔2〕 孙绵涛、邓纯考:《错位与复归——当代中国教育政策价值分析》,载《教育理论与实践》2002 年第 10 期。

〔3〕 傅统先、张文郁:《教育哲学》,山东教育出版社 1986 年版。

在现实研究与分析中，我们通常侧重于教育政策的实用价值，权衡分析制定和实施特定教育政策的益处，并以对我们是否有利来评判教育政策。这样一来，人们常常凭一己好恶来评价而选择无视教育政策的应用价值，也就是这一教育政策到底应该实现怎样的价值？因此，事关畲族女性学校教育的相关教育政策，也不应该仅仅着眼于解决当下的现实困境问题，还要展望未来，关注其全面和可持续发展，注重教育政策制定的应用价值。

4. 直接价值和间接价值

我们应更多地关注教育的直接价值，当将更多的关注聚焦于人的发展上，促进社会发展的间接价值也就自然而然地显现出来了。直接价值是作用于教育本身的教育政策的价值，其实质是服务于社会群体的发展。间接价值是依托于直接价值的作用而实现的价值，有助于解决社会政治经济文化科技人口等方面问题的，其实质同样是为了推动社会的发展[1]。

由于实现直接价值需要经历较长时间的跨度，因此公众更多地关注具有教育政策的间接价值，因为它具有立竿见影的效果。另外，由于间接价值涉及社会政治经济文化科技人口等多个方面，使不同群体都可以直接从中获得所需的东西，如“为经济建设服务”等。但是，也正因为教育政策的间接价值可以为不同群体各取所需，如果过度强调教育政策的间接价值，容易滋生一系列弊端。而且，如果政策制定者过度强调教育政策的间接价值，在其实就是一种功利化价值导向，会导致教育政策本身的价值被忽视，政策制定流于功利化。上述这种供求双方在教育政策上的功利性价值取向选择，会带来恶性循环。比如，很少关注基层教育的诉求，转而大搞特搞不切实际的“面子工程”“形象工程”，不是真正以教育政策的直接价值为基础，制定教育政策之考虑如何为自己的政绩增光添彩。比如，有访谈对象告知：

> 我们这里搞了很多工程，可惜没有实用，像我们老百姓常说的“面子工程”“形象工程”，那些领导以为自己搞得好，就是为自己

---

〔1〕 孙绵涛、邓纯考：《错位与复归——当代中国教育政策价值分析》，载《教育理论与实践》2002 年第 10 期。

的政绩贴金，哪里关心我们老百姓的想法哦，不实用有什么用啊，国家的钱白白浪费咯。哎……

从上述话语，我们可以得知，教育政策应优先考虑人民的实际需要，并以教育政策的直接价值为依据制定教育政策。

间接价值固然重要，但是我们绝不能忘记是什么推动间接价值的实现，只有人发展了，社会才能发展。促进人的发展是教育最直接最朴素的价值，那么在价值选择上，教育政策也应该回归其最朴素的价值——以人为本。当过度注重间接价值而使它赖以存在的基石直接价值被轻视，衍生价值被盲目拔高。事实上离开了直接价值的间接价值，结果只能是导致“教育无能论”。

综上三对价值所述，教育政策价值取向的选择应该是多维度的。教育使很多人的梦想变成现实，它应该带有最美好的希冀。我们应多注重教育政策文本背后所体现的各种利益整合的价值，而非停于教育政策表面的文本价值。少数民族教育政策尤其如此，看似简练的政策文本背后，是对现实各民族之间、民族内部关系利益的考量。同时，教育政策的价值选择应该眺望远方，想想教育应该是什么样的，教育政策应该实现什么样的价值。政策实实在在落地固然重要，但是政策的价值选择上我们应该看得更远。最后，教育政策最重要的价值选择是以人为本。人是社会发展的根本动力，社会发展是为了实现人民对美好生活的向往。人是发展的根本动力，也是发展的根本目的。畲族女性学校教育政策的价值选择如果只聚焦于社会，则会显得有些本末倒置。教育政策的制定中需要注重人的需要，以教育为手段，推进并实现人的全面发展。

第三节　教育政策保障机制的选择

教育政策保障机制，是为教育政策实施提供物质和精神条件的机制。由于受到诸多因素的影响，教育政策在实际的实施过程往往会出项执行过程及结果偏离原来的政策目标、实施效果不佳。

畲族女性学校教育过程中，相关的教育政策旨在保障畲族女性受教育的权利，为畲族女性的全面健康发展保驾护航。但是现实生活中，畲族女性教育受到诸多家庭、社会因素的影响，还有一部分畲族女性的受教育权利没有得到保障，即使接受了教育的女性，其教育质量也不一定得到完整的保障。

因此，除了教育政策的制定、教育的落实、教育成果的反馈，还需要不断创新保障机制，实现可持续发展。

一、教育政策保障机制的内涵

教育的政策保障机制，是指教育部门应该利用政策工具与政策手段，保护教育有机系统运行安全，使其不断创新，实现可持续发展。

畲族女性学校教育在实践中教育畲族女性，学生通过实践教育不断地向社会反馈、回赠。教育的实践性和教育的社会性决定了教育发展中政策保障机制的重要性。同时，畲族女性学校教育服务于教育资源相较短缺的畲族女性，其服务对象的特殊性，决定了教育发展中政策保障机制的必要性。

二、多维度的教育政策保障机制

在实行教育过程中，选择怎样的政策保障机制，我们需要研究保障对象、保障手段、保障过程和保障结果四部分。

1. 保障对象

为了使系统能够协调发展，必须有一套完整的保障体系，而建立保障制度非常重要的是我们需要明确清楚保障的对象。在畲族女性教育中，显而易见，教育政策保障机制的对象是畲族女性。在我国，教育是基本权利和义务。受教育是一种法定的权利，国家有义务保护公民的受教育权，这是由我国的《宪法》所明文规定的，顺理成章，民族女性公民受教育权也是受《宪法》保护的。除了根本大法之外,其他具体法律也相应地对于公民的受教育权作出了具体规定。《义务教育法》第 4 条就指出,在受教育方面,这是个人的权利,也是个人的义务。《教育法》第 18 条规定,适龄儿童、少年就学,受各级人民政府保护。还规定了父母或其他监护人对义务教育应负有的义务。另外,《未成年人保护法》第 3 条也强调,尊重和保障未成年人受教育权,这是国家、社会、学校和家庭的义务。并特别强调,保护教育秩序,不受任何组织或个人扰乱。

从主体角度来看,畲族女性学校教育政策保障的主体,畲族女性既可以通过自我来保障,也可以通过外部的组织来进行保障。

(1)自我保障

受教育是国家赋予公民的权利。教育从某种程度上来说,是培养合格公民的主要途径和手段。因此,畲族女性接受教育是她们从自然人成长为公民的必然过程,保证畲族女性养成社会生活中必备素质,并增强其成为国家主人的意识和责任感。

当教育政策实施出现问题时,教育保障对象应该有保障自我权利的意识。努力争取自己的权益,在权益受到损害时,主动联系相关部门解决问题以保障自我。畲族女性在接受学校教育时,其教育权利没有受到保障、权益受损时,首先应为自身谋取正当的权益保护,勇于向侵害自身权益的人发出质疑。例如,当由于家庭经济条件不佳,父母中断了畲族女性义务教育阶段的教育,畲族女性应该及时和父母沟通,向父母传递"教育既是种权利也是种义务"的正确观念。如果通过各种手段,个人仍无法保障自身的权益,畲族女性应该直接联系当地的教育部门,主动地寻求组织上的保护。

(2)组织保障

教育活动虽然是在教育主客体之间展开的,但实现教育活动的过程中,其他相关主体的相关行为也会对其实现产生一定影响。换言之,畲族女性学校教育的相关主体,不只有学校、学生,还有相关的组织机构等。教育要靠一定的组织和个人去实施,社会各组织机构的正常运作是社会教育事业各种机制运行的前提。中华人民共和国教育部是负责教育工作的最高机构，当教育对象的受教育权无法得到实现或者受到侵害时，教育部协同司法机构、行政机构提供相应的帮助，保障其权益。

2. 保障手段

保障手段包括教育政策、技术支持、人才保障机制、教育环境等。

教育政策的手段是指实现教育政策目标所采用的措施和方法。教育政策的手段实质是对教育资源的调控，使其达到最佳的教育效果，使更多人的教育权益得到保障。而保障教育政策的手段，是对教育的各项资源的保障和优化。实现全国范围内的教育资源共享，提高教育资源的开发利用率，是开展教育的有效保证。畲族女性学校教育应加大教育的经费投入，将更多先进的科学的教育资源引进到畲族学校中，组织学生进行理论研究和实践调研，将书本上的知识更好地搬到实践中。同时，可对表现优异的畲族女性进行表彰，通过表彰来提高孩子们的自信心，增强其学习积极性。

教育过程的每一个环节几乎离不开相应的技术支持，而教育技术又是一个复杂的系统，既包括教育设施方面的科学技术，还包括教育工作者在社会实践中所获得的经验和知识。畲族女性学校管理需要在摸索实践中总结经验，结合畲族民族特色的文化底蕴，总结归纳出一套实操性强的管理技术。

人才保障机制的出台和实施，能更大程度地调动教育工作者的积极性和创造性。畲族女性学校教育优质的教育资源仍相对缺乏。其中，人才资源的缺乏更是重中之重。教育政策的保障也需要保障教育人才的流动、培养等。只有越来越多优秀的人才投入畲族女性学校教育中，教育才会越来越好。

环境是人类的生存的基本条件和基础，它造就了人的性格，那么"合乎人性的环境"[1]就对于塑造人至关重要。畲族女性学校教育的环境优化，不单要涉及对于外在的教学设施等环境的优化，同时还要优化畲族当地的

---

〔1〕 参见《马克思恩格斯选集》(第2卷)，中共中央马克思恩格斯列宁斯大林著作编译局，人民出版社2006年版。

教育文化环境,优化落后的教育观念。

3. 保障过程

教育保障机制应该注重教育过程保障和教育结果保障的有机统一。在教育政策的价值选择中提到,应结合注重教育政策的应用价值和实用价值。注重教育政策实施结果的同时,也应注重教育过程的发展性问题。在教育的过程中产生了教育结果,对结果的向往和追求是过程展开的动力,同时结果又为过程发展提供方向。畲族女性学校教育的升学率、巩固率等结果是我们要求对于畲族女性教育整体的教育过程进行保障的根本和动力,过程保障好了,结果自然而然也会往好的方向发展。

教育的过程是一个复杂的工程,在这一过程中,各种要素的结合是动态的,因此,教育必然呈现一个不断变化的过程。如果要操作这样一个复杂的系统,则需要从整体上对其进行动态的把握。

畲族女性学校教育为了注重过程的有效性,学校设置多种考核,实际上就是为了检测教育过程的有效性。考核有对学生成绩的考核、教师各阶段教学成果的考核、学校各阶段教育成果的考核。不同层次的考核,针对不同主体,在多个阶段检测了教育过程的正当性和有效性。

从过程来看,教育政策的三个节点都需要得到相应的保障:政策制定、实施与监督、惩戒与救济。

(1)政策制定。政策制定时,教育部和相关立法机构需要审视教育政策建设是否存在相对滞后的情况。尤其是在畲族女性学校教育中,教育政策不能泛泛而谈,其教育面对的是畲族少数民族女性,具有特殊性,需要结合畲族目前的社会状况,选择相匹配的教育政策或者教育政策实施方法。

(2)实施与监督。政策实施时,相关行政单位需要审视教育政策是否存在虚拟化的情况。换句话说,可能在政策上有具体规定,但是实际工作中却难以落地或不去做。这种情况对于教育发展是一种阻碍。

对于畲族女性来说,教育是人生重要的发展机会。甚至对于绝大部分畲族女性来说,学习是她们走出大山的唯一途径。教育政策虚拟化、实效性不强,对于这部分的畲族女性来说,不仅是对于学习更是对于生活无法磨灭的伤害。

我国推行义务教育多年,但是部分偏远地区仍存在失学儿童,这是由于组织保障没有到位。针对畲族这类少数民族女性受教育权的保障,执法过程的监督某种程度上比进一步制定保障机制更加重要。本书课题组在调查中发现,总体来说,对畲族女性学校教育保障的监督工作效果良好,但也存在个别机构监管不严、督办不力的现象。课题组已将具体情况反馈相关部门。

(3)惩戒与救济。司法机关依法实施对侵害少数民族女性受教育权的法律救济是对少数民族女性受教育权保障的最强硬手段,也是最后手段[1]。

目前,畲族等少数民族公民法治意识相对淡薄,当其受教育权被损害时,往往选择的是屈服。国家亟须成立专门的司法机构来保障包括畲族女性在内的全少数民族妇女的教育权利,当其受到侵害或者遭遇教育纠纷时,及时给予帮助。建立可靠、公平、公开的救济组织及机制,及时保障畲族女性的教育权利。

同时,侵害他人受教育的基本权利,也应承担相应的法律责任。在实施过程中,普及相关法律观念。畲族很多侵害女性教育权的家庭父母,他们认为教育是自己赋予子女的恩惠。家庭经济条件支撑得起,父母就供女孩读书;若支撑不起,女孩也要早早地回归家庭,劳动为家庭创造价值。他们本身并不知道教育是一种权利和义务,损害他人的教育权是需要承担一定责任的。在教育政策实施的过程中,需要对其背后的政策意义进行宣传和普及,破除偏远地区父母的信息壁垒,帮助其树立正确的教育观念。在普及正确的教育观念的同时,也应将监督贯彻下去。对损害畲族女性教育权利的个体和组织进行一定的惩戒。教育政策只有落实到过程中去,只有这样才能保障政策的有序推进。

---

〔1〕 徐姝娟:《少数民族女性受教育权法律保障制度研究——基于大理白族自治州调查的思考》,云南大学2015年硕士学位论文。

4. 保障结果

思想政治教育是由教育过程和教育成果组成的有机统一体，所以，教育过程和教育成果是密不可分的。过程和方法会引致对应的结果，结果则反映了过程的质量。在检测和评估教育过程时，是否有实效性，实效性的大小，标志着教育过程是否成功。

教育的最终目的是希望把每个人培养成有独立人格的优秀个体。不同阶段的教学目的是不同的，而每个阶段有着每个阶段独有的任务。对于结果的保障，反过来是为了督促过程的有效性。如果不对畲族女性学校教育的升学率等结果数据把关，过程中的教育有效性可能会流失很多。没有相关部门对于结果的把控和基于结果对各学校施加的压力，部分畲族学校可能不会引起高度的重视。

教育政策的保障机制应该从多角度促进教育政策的实施。普及宣传教育，强化畲族女性的教育意识，鼓励畲族女性站出来自我保障权利。与此同时，注重组织层面的保障工作的实施。在制定相应的法律法规、补充相应的救济措施之后，教育政策保障机制中不可缺失的是对过程的保障。

第七章　畲族女性学校教育与畲族的发展

教育,是一个国家的立国之本,也是一个民族振兴、社会进步的基石。教育,不仅寄托着个人成长的希望、家庭的希望,也承载着一个国家发展的希望。而具体到民族教育,对于某个具体民族的经济文化发展而言,它是标志和体现;同时,它又预示着这个民族经济文化未来发展的潜力和前景。所以说,民族教育是民族发展的基石,民族教育问题是关系到民族发展和社会发展与否的大问题。

畲族相较于汉族,其社会、经济的发展较为落后。在中国追求中华民族伟大复兴的重要时刻,各族人民需要一起共同前进,实现社会主义现代化,争取世界领先水平,这是需要教育作为基础去推动本族人民发展的。

畲族女性作为我国广大妇女群体的重要组成部分,其受教育程度直接关系本民族女性文化素养的提升、畲族整体民族甚至我国国民素质的提升。因此,对于畲族女性而言,可以说,受教育水平决定了她们的命运,而对于畲族整体发展而言,畲族女性教育的发展对家庭、社会都将产生积极影响。

在所有的教育方式中,学校教育是最为基础、普及面最广的教育形式,是大部分畲族女性接受系统化教育的主要手段,其意义是重大的。通过学校教育,畲族女性能够在初步社会化中养成民族特性，学习科学知识，成为独立的有能力服务于社会的个体。女性学校教育不断普及以来，畲族女性学校教育为畲族民族发展建设提供了源源不断的女性人才力量。

第一节　女性学校教育与畲族女性的全面发展

从古至今，有很多思想家和教育家都认识到了教育对于人的全面发展的重要性，甚至有部分科学家认为教育是实现个人全面发展的根本途径。

一、人的全面发展内涵

人文主义者认为，教育是评判人的优劣的尺度[1]。从本质上来讲，这是一种“教育万能论”，马克思对此是持批判态度的。在马克思主义看来，社会关系的总和决定了人的本质，人的本质，在其现实性上，“是一切社会关系的总和”[2]。社会关系也决定着教育的社会性质，包括生产力状况、政治制度、文化等，都对教育产生了深刻的影响。马克思进一步指出，人的发展，是“人以一种全面的方式，也就是说，作为一个完整的人，占有自己的全面的本质”[3]。根据马克思关于人的本质界定，我们可以认为，人的全面发展既包括了人的个性发展，也包括了人的社会关系的全面发展以及劳动能力的发展，等等。

后期马克思的人的全面发展理论在后期更趋系统化。主要包括两方面：一是劳动者智力和体力全面发展；二是个人自由充分的发展，人的全面发展是一个具有不同程度层次的历史过程。

教育不能解决人在发展中的所有问题，但是教育是人的全面发展中的

---

〔1〕［英］洛克：《教育漫话》，傅任敢译，人民出版社1963年版。

〔2〕《马克思恩格斯选集》（第1卷），中共中央马克思恩格斯列宁斯大林著作编译局译，人民出版社1995年版，第56页。

〔3〕《马克思恩格斯全集》（第42卷），中共中央马克思恩格斯列宁斯大林著作编译局译，人民出版社1979年版，第123页。

必要途径，尤其是对于现代人而言。对于畲族地区的女性来说，畲族女性学校教育是其个人发展中里程碑似的存在。她们生活在相对偏远的山区，四周的社会环境没有办法支撑孩子进行完整彻底的社会教育，学校教育在偏远地区显得格外重要。

“全面发展教育”的追求和宗旨是“促进人的全面发展”，同时，也为实现“人的全面发展”的提供教育保障。“人的全面发展”和教育之间的关系，从理论层面上来说，首先两者的目的是一致的。致力于解决个人和社会抑或整个人类总体之间的矛盾，这是人的全面发展理论的追求；而教育学解决的问题恰恰正是个体社会化。其次教育的对象是人，个人的发展必然地直接地同教育联系一起。从实践层面来看，教育为人的全面发展或者说人的各阶段发展提供了相应的保障。

学校是社会生产力发展到一定程度而产生的教育机构。学校教育在整个教育过程中承担着极为重要的作用。学校有一定的培养目标、管理制度和一定的教学内容。

二、女性的学校教育与女性全面发展之间的联系

畲族女性在学校系统地学习各方面知识、社会道德准则和规范以及价值观念。因此，从某种意义上讲，畲族女性学校教育决定着其社会化的水平和性质，是女性社会化的重要基地。

（一）从女性学校教育的课程设置方面来看，教育促进了女性在德智体美劳等方面的全面发展

在素质教育过程中，成绩最显著的是文化知识水平的提升。在女性学校教育下，女性受教育程度不断提升，文化知识水平增强。女性用新的知识文化样貌去为自己代言。畲族女性不再是单纯的家庭简单劳动女性，越来越多的女性接受了高等教育，凭借着自己的努力，融入社会的各行各业中去，用智慧去创造自己的价值。

女性学校教育，为女性提供了全方面发展的重要平台，从学校的层面给

予女性发展中的重要技能学习、重要品格养成的指导。体美劳教育的全面深入实施，共同推动学生身心健康发展。

中华人民共和国成立之初，我国人口素质十分低下，全国5.4亿人口中，文盲率高达80%，适龄儿童小学入学率不足20%。中华人民共和国成立后，特别是改革开放后，党和政府十分重视教育事业，国家实施教育优先发展战略，我国人口受教育程度有了质的飞跃。2001年，新一轮课程改革在我国启动，新一轮课程改革注重发挥教育育人功能，大力提倡新的课程理念，推动科学精神与人文素质相融合。2002年年底，“两基”人口覆盖率达到91%。2018年，九年义务教育巩固率达94.2%。2020年全国文盲率为2.67%，其中女性为4.10%，较2010年下降2.1个百分点。畲族女性在义务教育工作的普及下，女性教育普及率普遍提高，越来越多的畲族女性接受了高等教育，在各行各业发光发热。

（二）从女性学校教育的价值宣导来看，女性学校教育促进了女性个人品格的养成，主要体现在独立的女性观念的形成

随着近代以来女子学校教育的发展，中国女性逐渐通过学校教育，走向社会，成为“社会人”，关注思想问题、国家问题、世界问题等。

畲族女性较于其他民族女性，虽然拥有更独立的品格，承担了家庭的主要角色。老一辈的畲族女性，其对自己的主要身份认知是从家庭中获得的。她们是家庭劳动生产的“半边天”，上有老下有小，承担着家庭的责任，应该为家庭甚至家族的发展做出贡献和牺牲。但是女性学校教育的出现，也让畲族女性开始形成更具现代性的独立女性观念，拥有更开阔的视野、更多维的思想、更独立自信的人格……接受了教育的畲族女性逐渐敢于挣脱家庭对于自身的束缚，选择自己更为多样化的人生。

畲族女性学校教育使畲族女性能够独立自由地去追求自己心中所想，在这种人生追求下，畲族女性大胆、聪慧、勤劳勇敢的优势更加凸显了出来。通过学校教育，畲族女性成为更独立的“人”个体，更有思想的女性群体。她们勇敢尝试事物、勇于试错，想好就干、有错就改，努力拼搏，积极向上。

畲族学校女性教育在畲族女性独立观念的养成上起着意义非凡的启蒙作用。

第二节　女性学校教育与畲族女性人才资源的开发

人才作为人类社会所有资源中极为重要且宝贵的资源，是人类社会最优秀、最活跃也是最有创造性的部分，人才情况是衡量一个社会发达程度的重要标志，人才资源的有效开发与合理利用是推动社会经济、文化发展的重要条件。女性人才是人才资源的内在重要组成部分。联合国 1990 年至 2002 年对 96 个发展中国家的相关数据进行统计，结果证实，女性人才资源投资的第一轮经济收益回报高于男性[1]。应该说，女性人才是国家人才战略资源的重要一环，对于少数民族地区的发展而言，女性人才的培养和资源的开发是其摆脱贫困的重要手段。因此，女性人才的开发应该在少数民族人才资源开发中得到足够的重视。有效进行畲族女性人才资源的开发，可加速畲族地区现代化的过程，在推动畲族地区经济和社会发展过程中起着举足轻重的作用。

一、学校教育是畲族女性人才资源开发的主要途径

影响人才培养的教育因素是多方面的。在各方面发展相对较落后的畲族山区，学校教育对畲族人才成长起到的影响显得更为突出，也成为推动畲族女性人才培养的主要途径。

目前从数量上看，畲族区域的学校数量并不多，而且布局分散，但是布局相对集中后，又会增加学生进校学习的困难。无论哪种情况，都易将导致学生数量减少，失去学习机会。在这种情况下，畲族女性受到传统思想与现

---

〔1〕 赵峰：《论西部地区女性人力资本优先开发的战略意义》，载《甘肃社会科学》2004 年第 3 期。

实条件的制约，会比同龄男性更容易辍学，从而影响畲族女性人才的培养。

学校教育的内部条件也直接影响着畲族女性人才的形成。一方面，学校教育的内容影响着畲族女性人才的智力体系建构。人的智力形成，以知识为基础，在不同的知识内容中，人的智力建构也不一样。畲族女性所接受的教育内容，同样也影响着其智力建构。从现在畲族区域学校的教育内容，大都与汉族地区学校教育内容一致，没有体现出畲族地区特有的文化与生活经验。凸显共性的教育内容，使少数民族特有的智慧往往无法通过常规教育传承，导致畲族女性在成才的过程中，形成与非畲族地区一致的知识体系。另一方面，学校教育的师资与其他硬件条件同样影响着畲族女性人才的素质形成。在畲族地区，学校教育中的师资力量比较薄弱，教学配备等硬件条件也不足，直接影响了畲族女性全面且深入提升各种素质的可能性。

成人教育和社区教育是全面提升女性人才发展空间的重要手段。在畲族所在的农村地区，成人教育和社区教育常常是与技术推广相联系的。通过推广与传播新的科学技术，提升畲族女性的创造能力，也直接培养了她们的技术能力，促进了人才的成长与发展。

以景宁为例，为了进一步完善从学前教育到成年教育的人才培养环节，景宁畲族自治县人民政府2018年针对当地教育出台了多项措施[1]，这对于当地女性人才的培养具有重要意义。

第一，在学前教育方面，出台了《发展学前教育第三轮行动计划（2018—2020年）》《关于全面推进幼儿园课程改革的实施意见》等政策文件，成立了四大学前教育集团，即中心幼教、民办幼教、实验幼教、民族幼教等，新建、改扩建幼儿园2所，新增省一级园1所，省二级园2所，撤并薄弱园1所。全县公办园占比73.3%，乡镇公办中心园覆盖率100%；提出，学前三年入园率达到98.15%，等级幼儿园占比实现92%，普惠性等级幼儿园比例达到92%。

第二，优质发展义务教育。深入推进城乡一体化改革进程，实施城区教育资源扩容工程、农村小规模学校和农村寄宿制学校建设，全面落实薄弱学

---

〔1〕《景宁畲族自治县人民政府2018年度履行教育职责自评报告》，载http://www.jingning.gov.cn/art/2019/9/6/art_1376127_37816652.html。

校和薄改项目,全县标准化学校率95%。以精准教学研究为抓手,有针对性地开展课改项目指导,举办课改项目交流会、教师全员晒课评优以及畲乡课改展示周等一系列有特色的教学活动,全面推进义务教育课程改革。实施初中"壮腰工程",出台《关于实施初中壮腰工程的若干意见》,全力破解初中教育质量提升"瓶颈"。此外,多样发展普高教育。立足学校内涵发展,深化课程改革,积极推进素质教育,完善特色课程体系建设,建立了必修和选课走班教学管理制度,推进高中多样化发展。引进杭州学军中学与景宁中学结成帮扶学校,深度开展各项帮扶合作。2018年景中高考再创新高,实现"七连增",高考一段录取110人,本科率94%,高考万人比达到11%,摘取丽水市普通高中"高考质量奖"。

第三,在常规教育之外,发展特色职业教育。加强骨干专业建设,大力开展校企合作,全力推进现代学徒制,积极推进合作办学。建有省级示范专业2个,省级示范实训基地2个,8家合作企业。与浙江旅游职业技术学院、浙江机电职业技术学院等院校签订帮扶协议,为景宁职高培养畲乡技能型人才做坚实后盾。2018年高考首批上线20人,上线率97.48%,取得了历史性突破。尤其是有2位计算机专业考生,斩获全省前十。

第四,扎实推进成人教育。全县形成"一总四分、覆盖全县"的成人教育格局,1所成人技术教育总校,4所区域成人技术学校,15个乡镇教学点;省级标准化成人技术学校5所,达100%,省级现代化成人技术学校1所。配备有9名专职教师,22名兼职教师。2018年,技能培训11,050人次,占比10.3%,学分银行成果录入15,476条,占比14.4%。拥有"驾考人员应急救护培训"等省级成教品牌项目。

二、畲族女性人才资源开发的策略支撑

(一)采取有效民族政策提高畲族女性接受学校教育的比例和水平

畲族女性人才资源的开发受到多种因素的影响,其中民族政策是畲族女性能够克服障碍,成长为优秀人才的重要策略。

发展民族教育,培养高素质畲族女性人才,是畲族地区实现可持续发展

的需要，也是推动妇女进步的必要条件。但畲族地区经济欠发达，在发展民族教育的过程中必然会遇到许多困难，这就要求当地政府采取有效的民族政策，关心畲族地区的民族教育事业，对畲族地区教育提供进一步的经费扶持，同时在入学、升学机会上给予一定的政策倾斜。

经济支持的重要性和方式在上文已有阐述和分析，此处不再赘述。要振兴畲族地区民族教育事业仅仅依靠经费支持是不够的。针对业已存在的畲族地区和汉族地区的文化教育水平差距，大多数畲族地区政府也出台了相应的政策。如开办民族班增加畲族女性的入学机会，在各个层次的招生录取中采取降分优惠政策。少数民族女性要成长，需要接受更高、更深入的教育。对那些本科毕业后仍想继续深造的少数民族学生，在考取研究生、博士生的时候，国家也有优惠政策。

（二）发挥大学培养畲族女性科技人才的作用

当今世界是科技竞争的时代，科技在一个民族地区经济发展中具有举足轻重的地位。畲族女性科技人才对于畲族地区发展的作用不可忽视。“妇女能顶半边天”，充分发挥作为社会一半的女性智力资源，对于真个畲族地区的长期发展显得尤为重要。科学技术是第一生产力，畲族地区想要赶上经济发达地区的步伐，就必须要壮大科技人才队伍，充分发挥科技人才资源的力量。当前畲族地区女性科技人才队伍仍有不小发展提升空间。

大学是培养科技人才的重要场所，因此畲族所在地区各大专院校要根据本地的各项事业发展对女性科技人才需求，有计划地开设一些面向畲族女性的专业，培养一批适应市场、面向畲族地区的女性科技人才。同时，教育部门、人力社保部门、高校要积极做好招生指导工作，围绕人才结构调整和畲族女性人才开发，引导畲族女性选报相应的专业，有计划地对就读本科的畲族女性采取定向委培方式，促使畲族女性毕业后能回到畲族地区工作。

（三）为畲族女性科技人才发展提供空间和平台

女性专门从事科学研究工作，通常是在接受高等教育之后，如取得硕士学位甚至博士学位后。社会上不少单位和部门不愿意接收女性，主要基于对其结婚和生育将带来的影响。其实女性因生育不能工作的时间最长不超过一年，这对于女性职业生涯来说并不算长。因此，建议有关部门制定有效吸引女性科技人才的措施、政策，对女性科技人才给予相应优惠政策，如放宽人才管理机制方面的限制，经费资助上予以倾斜。另外，要为少数民族女性科技工作者的培养营造宽容的氛围。少数民族女性科技工作者是促进地方发展的重要队伍，从事科技研究工作的少数民族女性本身数量不多，且大部分从事的是基础性工作，从事高端工作的极少。因此，要营造这一宽松环境，有必要推动在各级重要部门和权威学术组织中增强女性特别是少数民族女性的声音。

第三节　女性学校教育与畲族社会的可持续发展

对于大多数居民生活在较偏远地区特别是山区的少数民族而言，实现本民族的可持续发展更是一项重大的任务和难题，如何解决难题进而实现发展，教育是关键。

畲族大部分居住在福建省、浙江省的广大山区，小部分散居在江西、广东、安徽等省。受历史因素的影响，这些地区的经济、文化基础都相对薄弱，要想真正实现山区"可持续发展"的远景目标，就必须要注重"扶智"，大力推动少数民族地区教育事业发展。

一、畲族女性学校教育是畲族地区可持续发展的基础工程

教育是实现人的现代化的重要手段。阿历克斯·英格尔斯(Alex Inkeles)的研究表明，学校和工厂才是促进人的现代化的最主要场所。他们调查研究了30多种机构，结果发现学校和工厂对人的现代化影响最大。他们通过测试发现，在"受教育较少"的人中，具有现代化品质的人平均比例是30%，而在"受教育较多"的人群中平均比例达49%。教育是实现人类现代

化的重要手段。在这个全球经济一体化的时代，民族和国家要走向现代化，高素质的民众是建设的中坚力量，而民众要达到高素质，又需要在教育中去实现，从而促进大环境的现代化发展。

畲族女性学校教育是女性接受系统化教育的重要方式，也是实现畲族女性现代化的基础性、系统化手段。不仅限于使学生获得知识，锻造创新意识和现代化意识，学校教育还是指导社会进步的重要机构，引领着社会发展潮流。通过学校教育的培养，女性能够获取先进的知识，发展各项能力。知识推动解放畲族女性原本狭隘的观念，女性才得以对眼前的生存环境表现出关心和希望改造的意愿。

同时，对畲族女性的教育也会反映到畲族各个层面的社会教育中来。女性是社会教育的重要参与者，一个孩子最早接受到的教育就是家庭的教育。而在中国绝大多数的家庭，母亲在家庭教育中发挥着尤为关键的作用，而母亲是否接受过良好的教育，则决定着妇女能否扮演好其担负的家庭角色和社会角色。畲族女性教育不但能使女性更好地直接建设社会，还能将教育成果回馈给家庭，使整个家庭都能更好地发展，从而助于整个社会的发展。

从投资主体上看，女性受教育程度对人口素质产生直接影响，女性人力资本直接影响着后代人力资本。在测评人口素质的 HDI 指标中，教育指数直接影响到人口素质水平的高低。根据中国社会科学院人口所组织的第三次中国妇女社会地位调查主要数据显示，文化程度与女性的平均初婚年龄之间存在一定规律联系，即女性文化程度每升高一档，其初婚年龄会相应增加[1]。

因此，受到良好教育的母亲其实就是优秀的家庭教师，对女性的投资，就是对学校教育最好的补充。立足于教育效应视角，妇女和女童教育的提升，既扩大了后期受教育机会，对子女的教育也会产生较大影响。在现代快速发展的社会中，中高等教育对于现代女性的工作有着更为重要的意义。

---

〔1〕 第三期中国妇女社会地位调查课题组：《第三期中国妇女社会地位调查主要数据报告》，载《妇女研究论丛》2011 年第 6 期。

加强畲族女性学校教育,必须从政府、社会等多方面加强对女性教育的扶持。

与此同时,教育是改变传统观念,树立新的生活方式的重要力量。落后的生活观念会从根本上阻碍民族社会的可持续性发展。畲族女性学校教育可以改变畲族传统的较为落后的观念,教导学生树立新的生活态度。

教育在增强民族凝聚力中具有基础性的地位,它培养了民族自尊心,凝聚了爱国热情。畲族女性学校教育通过教育的手段除了能改善落后的传统观念,还能培养畲族女性爱国、爱民族的热情。

畲族女性学校教育是民族可持续发展建设的基础性工程。一旦弱化这部分的教育,民族可持续发展将缺少推动力,甚至走向人口素质低下的恶性循环之中。女性教育是现代教育中极为重要的一块,无论是男性还是女性都有能力为民族建设、国家建设做出贡献。绝不能短浅地因为眼前的困难而牺牲少数民族女性发展的机会,教育反馈给女性和民族社会的将会更多。对于畲族部分贫困地区,我们需要摸清搞透当地的经济问题,通过经济手段来解决,绝不能企图牺牲教育来解决。牺牲教育最后只会让贫穷落后的面貌更加严重。

教育的落后会直接导致人口素质的低下,不仅如此,由于畲族位于偏远地区,偏远地区经济的落后,人文环境差等因素又会导致本民族人才大量外流,在这种恶性循环中,民族地区经济和教育等社会事业,不仅根本无法实现可持续发展,就是缓慢发展也是难以实现的。

二、畲族女性学校教育是畲族实现科技进步的先决条件

为了落实“科学技术是第一生产力”,改革开放后,我国家提出了“科教兴国”战略。畲族的发展需要科技人才和技术人才,但是直到今天科技人才和技术人才的缺失仍是制约畲族地区发展的重要因素。景宁畲族自治县在2016年确定了16名农民高级技术人员名单,女性高级技术人员只有3人,最高学历为大专,其中取得大专学历的多为70后和80后。青年是民族地区和国家发展的中坚力量,技术的掌握需要经验更需要教育,当前世界科技

高速发展,要在国际上立足,拥有核心竞争力,必须依靠科技和技术人才,而发展人才最有效的办法就是提高全民教育水平,特别是发展起点较低的民族教育,其中,尤其需要对发展少数民族女性教育予以特别关注。

第一,夯实和加强女性基础教育,提高人口素质。为了提高人口素质,有必要加强对妇女的基础教育,从而促进生产力发展总体水平的提高,增加社会财富总量。德国教育家福禄贝尔说过:国民的命运,与其说操在掌权者一手中,倒不如说是握在母亲手中。世界银行对25个发展中国家人口和健康的调查表明,若其他因素相同,母亲即使受1.3年学校教育,也足以使新生死亡率的风险减少15%,而父亲同样的文化程度只能减少6%,母亲的文化程度越高,效果越显著。国外研究也发现,子女的智力从遗传角度看,受母亲的影响更大,母亲受教育年限越长,子女智力低下的患病率越低。根据我国经济学家胡鞍钢的一项研究,儿童入学率提高1个千分点,人均GDP就能增加0.36%～0.52%。这在一定程度上说明,教育投入的回报率很高,效益很可观。当前,大部分畲族地区已经实现了普及九年义务教育,下一步的工作应该是巩固好现有成果的基础,努力在提高教育质量上下大功夫。

第二,努力开展各种形式的成年女性教育,提升畲族女性整体的文化素养,从而促进少数民族的高素质发展。具体可从以下三方面通过教育来提高畲族成年女性的各方面素质。一是加强女性干部的培训工作,提高干部素质必然促进科学决策和民主管理,促进民族地区可持续发展。二是丰富各类专业人才的学历教育,各种形式的学历教育,不仅能够丰富畲族女性的学历层次,更重要的是她们能把学到的新观念和知识运用到劳动创造中,发挥更大的效益。三是开展扫盲教育,只有通过扫盲教育提高民众的素质,才能改变我国少数民族地区文盲率相对较高的状况,才能使他们尽快地转变传统生活方式,跟上时代发展的脚步。四是提高畲族女性受高等教育率,才能为畲族可持续发展提供中高级技术人才支撑。随着知识经济在社会发展中的比重越来越高,高等教育所起的作用也将越来越大。畲族要适应全球经济一体化的形势,需要有更多拥有新的教育观念,甘于为民族地区奉献的各类中高级专业技术人才和管理人才。

三、畲族女性学校教育是畲族地区经济社会发展的助推器

目前，畲族女性学校教育中的职业教育虽然是短板，但随着我国从工业大国迈向工业强国，培养大批“知识型、技能型、创新型”专业技术技能人才，对于建设社会主义现代化强国具有重要意义，因此，职业教育进一步发展是未来学校教育的必然趋势。通过弘扬“工匠精神”，大力发展职业技术教育，继续提高对“知识型、技能型、创新型”专业技术技能人才的培养能力，也必将大大提高全社会对职业技术教育的认可度和美誉度。

据统计，自党的十八大以来，每年从全国1.23万所院校走出近1000万名技术技能人才。自2014年起，我国各级政府针对农民工也相继展开了一系列如“星火计划”“春潮行动”“阳光工程”等职业技能培训计划，通过参与这些培训计划，农民工职业技能和素养得到了极大提升。由此可见，大力推动职业技术教育的发展，加大各类地方实用技术人才的培养，是民族地区经济可持续发展的助推器。

但是，畲族女性教育的职业技术教育也应该立足于地区的实际和发展需要，广泛培养各行各业的实用技术人才，使职业技术教育真正成为民族地区推广实用技术的领头羊。

四、畲族女性学校教育是提高畲族文化素养和社会文明程度的有效路径

教育首先是培养了人的社会性，这有助于个体社会成员实现自我身份的认知和认同，促进社会成员之间的流动和沟通。中华人民共和国成立以来，经历并正在经历世界上前所未有的城镇化进程，这一进程进展速度之快，规模之大，都是世界历史上不曾出现过的。据统计，2018年年末，我国常住人口城镇化率是59.58%。这意味着，城镇化水平每上升1个百分点，就有将近1400万人从农村转移到城市。在这一进程中，越来越多接受教育的畲族家庭迁移到城市。迁移到城市的畲族民众必须具备基本的城市生存技能如就业技能等，才能在城镇获得一席之地，从而在激烈的竞争中脱颖而出，生活水平得到进一步提高。那些接受了更高水平教育的畲族家庭，最有

可能首先搬到城市,这一点和教育对人的社会性养成密不可分。

畲族女性学校教育通过学校教育深化对于畲族本民族的自豪感、认同感。另外,畲族女性学校教育同样有利于民族文化的可持续发展。在加深畲族女性对于畲族民族文化认同感的同时,通过学习现代化的知识,为畲族文化增添了新的文化内涵。畲族文化与现代文化相结合,在继承中创新,使之更适应于现代的生活环境,推动民族文化的可持续性发展。

余　论

从社会大环境来看,女性教育所面临的问题并不简单。中国少数民族的女性教育在民族传承和创新中则面临更为复杂的挑战。研究少数民族的女性教育是深刻且有意义的。本书聚焦畲族女性学校教育,通过阐述畲族女性学校教育的历史与现状,以部分有代表性的畲族地区为例,深入剖析我国畲族女性学校教育的发展层次和水平,对于当前畲族女性学校教育的发展困境进行了深入探究,并提出解决当前困境切实可行的意见和建议。既为国家发展少数民族女性学校教育提供参考,也为全中华民族的女性教育提供参照。

一、女性教育应该以素质和创新能力培养为根本目的

在知识经济时代,人才是经济的主导因素。培养德智体美劳全面发展的人才,培养数以亿计高素质的劳动者,造就数以千万计的专门人才,是社会主义现代化的要求。早在 1999 年 6 月,中共中央、国务院《关于深化教育改革全面推进素质教育的决定》中就指出,要全面推进素质教育。该决定还提出,积极发展职业教育,要为全体社会成员提供多种形式的学习机会,大力发展成人教育。与此同时,国家还以各种方式积极发展高等教育,包括大力发展高等职业教育、加强本科教育、加强研究生教育等。为实现素质和创新

能力培养目标，在高等职业教育，应该鼓励社会力量在高中层次上办各种学校，鼓励中外合作办学性质的高等职业教育大力发展，推动远程学习，逐步构建成体系，搭建有利于人才成长的素质教育“立交桥”。而本科扩招成为一个国家衡量人才培养成果的重要标准之一，近几年也成为我国高等教育发展的一个趋势。在这种教育大发展的态势下，女性高级人才的比例进一步提高，将成为不争的事实。

二、女性教育应该以科学文化知识学习和民族文化传承为主要内容

科学文化知识是在人们在社会发展时必不可少的知识性工具。我国人口多，底子薄，资源相对不足。中国仍存在很多科盲，其中女科盲居多。通讯工具的发达在带来便捷的同时，也更易散布不实、不科学的谣言。弗吉尼亚联邦大学的大卫·布罗姆利博士（Dr. David Bromley）表示，女性更乐于参加宗教聚会且更容易陷入某些传播不当思想的组织。阅读具有不当思想内容的书籍的对象主要是老人和无所事事的留守妇女。其中女性的比例多达98%。因为在社会的传统观念里，人们认为男性主要负责赚钱和养家，因此这类组织很少主动发展男性。因为男性一般会认为参加这样的“聚会”会被嘲笑，组织的形象也会因此受到影响。这些现象从反面说明了这样一个事实，即女性的科技文化素质还有待提高。

三、女性教育应重视女性学科建设和女性研究的发展

目前，我国的女性研究团队来源尚比较单一，主要以高校、科研院所以及从事女性工作的一些知识分子女性为主。从少数女性学者走向男女两性，从少数专家走向广大妇女，女性研究应该走向共同关注、共同研究，以及更广泛的共识。

中国女性研究的重要任务之一，是建构符合中国实际的女性研究理论框架和体系。中国女性史研究的发展方向应该是：摆脱对女性研究的误解，改变以往偏向于用革命史代替女性历史，以少数女性精英史替代妇女大众史，用观念史代替妇女社会史的定势研究；探寻在中国悠久的社会发展史

中，中国女性在社会与家庭中的角色与作用，在经济状况、婚姻和爱情、生活方式以及价值观等方面挖掘大量有关中国妇女的丰富资料；全面真实地描述分析女性精英和妇女大众形象。

在这个研究过程中，要注意借鉴西方女性研究相关成果，但更主要的是要运用马克思主义的立场观点，将实证研究与理论研究相结合，面向大多数妇女和整个妇女群体，关注那些影响中国女性发展的重大问题，对中国女性的历史与现实展开科学的分析和阐释，提出开创性的理论观点。在整体的中国女性及研究理论的大框架和大体系中，丰富中国多民族的女性研究，形成分支鲜明、系统的理论框架。

总之，中国特色社会主义进入新时代，中国女性教育应适应新时代对于人才的要求，在女性劳动者素质整体提高的基础上，大力培养女性创新型专门人才，塑造具有特殊人格魅力和较高文化修养的女性新形象。我们有理由相信，经过持续奋斗，中国女性研究和女性教育将更加富于新时代中国特色，中国女性必将以自己优秀的品格和美丽的精神风貌屹立于世界之林，成为中国形象和中国故事的生动代言人，在推动人类进步过程中发挥新的更大的作用。

参考文献

一、专著

1. [英]爱德华·泰勒:《原始文化》,连树生重译,广西师范大学出版社 2005 年版。
2. 包铭新:《中国北方古代少数民族服饰研究》,东华大学出版社 2013 年版。
3. 本书编纂委员会:《泉州市教育志》,福建教育出版社 1996 年版。
4. 陈铭枢、曾蹇:《海南岛志》,海南出版社 2004 年版。
5. 刁培萼:《教育文化学》,江苏教育出版社 1992 年版。
6. 冯增俊:《教育人类学》,江苏教育出版社 2001 年版。
7. 傅统先、张文郁:《教育哲学》,山东教育出版社 1986 年版。
8. 福建省少数民族古籍丛书编委会:《畲族卷——家族谱牒》,海风出版社 2010 年版。
9. [德]哈贝马斯:《交往与社会进化》,张博树译,重庆出版社 1989 年版。
10. 哈经雄、腾星:《民族教育学通论》,教育科学出版社 2001 年版。
11. 韩达:《中国少数民族教育史》,云南教育出版社 1998 年版。
12. 黄光学、施联朱:《中国民族识别》,民族出版社 1995 年版。
13. 黄集良:《上杭县畲族志》,厦门大学出版社 1994 年版。
14. 蓝炯熹:《畲民家族文化》,福建人民出版社 2002 年版。
15. [英]雷蒙·威廉斯:《关键词——文化与社会的词汇》,刘建基译,生活·读书·新知三联书店出版社 2005 年版。

16. 李金林、洪宗国:《中国少数民族医药资源发掘与研究丛书》,湖北科学技术出版社 2016 年版。
17. 罗春频:《多元文化与云南少数民族教育》,云南民族出版社 2008 年版。
18. [英]洛克:《教育漫话》,傅任敢译,人民出版社 1963 年版
19.《马克思恩格斯全集》(第 19 卷),中共中央马克思恩格斯列宁斯大林著作编译局译,人民出版社 1975 年版。
20.《马克思恩格斯选集》(第 2 卷),中共中央马克思恩格斯列宁斯大林著作编译局译,人民出版社 1956 年版。
21. 茅仲英、唐孝纯:《俞庆棠教育论著选》,人民教育出版社 1992 年版。
22. 马侠:《中国大百科全书》,中国大百科全书出版社 1998 年版。
23. 闵维方:《高等教育运行机制研究》,人民教育出版社 2002 年版。
24. 缪建东:《家庭教育社会学》,南京大学出版社 1999 年版。
25. 施联朱:《畲族研究论文集》,民族出版社 1987 年版。
26. 孙绵涛:《教育行政学概论》,华中师范大学出版社 1998 年版。
27. 苏德:《全球化与本土化:多元文化教育研究》,中央民族大学出版社 2013 年版。
28. 陶行知:《陶行知全集》(第 1 卷),四川教育出版社 2005 年版。
29. 滕星:《书斋与田野:滕星教育人类学访谈录》(第 3 辑),民族出版社 2010 年版。
30. 滕星:《多元文化社会的女童教育:中国少数民族女童教育导论》,民族出版社 2009 年版。
31. [加]威尔・金里卡:《当代政治哲学》,刘莘译,三联书店 2003 年版。
32.《霞浦畲族志》编写组编:《霞浦县畲族志》,福建人民出版社 1993 年版。
33. 肖孝正:《闽东畲族歌谣集成》,海峡文艺出版社 1995 年版。
34. 夏仕武:《中国少数民族教育》,五洲传播出版社 2007 年版。
35. 谢重光:《畲族与客家福佬关系史》,福建人民出版社 2002 年版。
36. 熊郁:《面对 21 世纪的选择——当代妇女研究最新理论概览》,天津人民出版社 1993 年版。
37. 袁振国:《教育政策学》,江苏教育出版社 1996 年版。
38. [美]詹姆士・斯科特:《逃避统治的艺术——东南亚高地的无政府主义历史》,王晓毅译,生活・读书・新知三联书店 2016 年版。
39. 郑金洲:《文化学》,人民教育出版社 2000 年版。

40. 中华全国妇女联合会妇女运动史研究室:《中国妇女运动历史资料(1840—1918)》,中国妇女出版社1991年版。
41. 中华全国妇女联合会妇女运动史研究室:《五四时期妇女问题文选》,生活·读书·新知三联书店1981年版。
42.《中国少数民族社会历史调查资料丛刊》修订编辑委员会:《畲族社会历史调查》,福建人民出版社1984年版。
43. 钟雷兴:《闽东畲族文化全书谱牒祠堂卷》,民族出版社2009年版。
44. 钟雷兴、钟伏龙:《闽东畲族文化全书·歌言卷》,中央民族大学出版社2009年版。
45. 庄孔韶:《教育人类学》,黑龙江教育出版社1989年版。
46. 朱有:《中国近代学制史料》(第2辑)(下册),华东师范大学出版社1989年版。

二、论文

1. 陈元熙:《试论闽、越与畲族的关系》,载施联朱:《畲族研究论文集》,民族出版社1987年版。
2. 陈丽:《我国女性人才资源的开发于利用》,南昌大学2018年硕士学位论文。
3. 第三期中国妇女社会地位调查课题组:《第三期中国妇女社会地位调查主要数据报告》,载《妇女研究论丛》2011年第6期。
4. 丁亚东、范勇、薛海平:《竞争到合作:学校与影子教育机构的关系模式分析》,载《现代教育管理》2018年第9期。
5. 费孝通:《简述我的民族研究经历和思考》,载《北京大学学报(哲学社会科学版)》1997年第2期。
6. 费孝通:《盘村瑶族》(序),载《读书》1983年第11期。
7. 费孝通:《中华民族的多元一体格局》,载《北京大学学报(哲学社会科学版)》1989年第8期。
8. 符依:《精准扶贫背景下少数民族义务教育资源配置现状及对策的研究》,载《时代金融》2016年第5期。
9. 龚学增:《宗教与民族》,载《中南民族大学学报(人文社会科学版)》2006年第2期。
10. 郭少榕:《福建少数民族女生教育发展问题探微》,载《福建省社会主义学院学报》2005年第3期。
11. 郭少榕:《福建少数民族教育探略》,载《教育评论》1993年第3期。

12. 郭少榕:《闽东畲族教育历史发展述略》,载《中外教育》1997 年第 1 期。

13. 郭少榕:《闽东畲族教育的现实与超越》,载《教育评论》1997 年第 1 期。

14. 郭志超、董建辉:《畲族赋役史考辨——与蒋炳钊先生商榷》,载《民族研究》2000 年第 2 期。

15. 何黎萍:《民国前期的女权运动》,中国社会科学院 1996 年硕士学位论文。

16. 黄新宪:《建国以来畲族教育与畲族社区的变迁》,载《江西教育科研》1998 年第 5 期。

17. 黄新宪:《清代和民国时期畲族教育变迁史略》,载《教育评论》1998 年第 3 期。

18. 黄宗植:《西方多元文化教育理论及其实践对我国少数民族教育的启示》,载《民族教育研究》2004 年第 6 期。

19. 蒋炳钊:《关于畲族来源问题》,载施联朱:《畲族研究论文集》,民族出版社 1987 年版。

20. 兰建华:《社会变迁背景下的农村畲族教育——以福州北部沧村为例》,中央民族大学 2011 年硕士学位论文。

21. 兰俏梅:《建国前畲族教育的历史回顾》,载《丽水学院学报》2009 年第 6 期。

22. 兰俏梅:《畲族妇女的家庭地位》,载福建省炎黄文化研究会:《畲族文化研究》(下册),民族出版社 2003 年版。

23. 屈文军:《元代的畲族》,载《暨南学报(人文社会科学版)》2004 年第 1 期。

24. 蓝希瑜、杜慧:《赣南畲族传统教育颓变的原因分析》,载《赣南师范学院学报》2006 年第 4 期。

25. 蓝希瑜、蓝方铭、王金菊:《赣南畲族教育颓变及其对策分析》,载《韶关学院学报(社会科学版)》2006 年第 5 期。

26. 蓝希瑜、张德亮:《浅探赣南畲族家训族规的社会文化功能》,载《西南民族大学学报(人文社科版)》2004 年第 1 期。

27. 蓝延锋:《畲族传统文化的向心意识》,载《宁德师专学报》2004 年第 1 期。

28. 雷宝燕:《泉州畲族教育研究》,福建师范大学 2008 年硕士学位论文。

29. 雷宝燕:《泉州畲族教育发展研究》,载《湖北民族学院学报(哲学社会科学版)》2011 年第 2 期。

30. 雷伟红:《从婚姻家庭看畲族女性的社会地位》,载《中南民族学院学报(人文社会科学版)》1998 年第 1 期。

31. 雷弯山:《畲族传统文化特色与存在原因分析》,载《丽水师专学报》1996 年第 4 期。
32. 梁忠义:《战后日本教育与经济发展的关系》,载《世界经济》1980 年第 8 期。
33. 刘复兴:《教育政策价值分析的三维模式》,载《教育研究》2002 年第 4 期。
34. 刘复兴:《教育政策的边界与价值向度》,载《清华大学研究》2002 年第 1 期。
35. 刘勇:《农村义务教育普及中女性教育存在的问题及思考》,载《理论学刊》2009 年第 8 期。
36. 刘建闽:《畲族文化:民族中学语文课的课程资源》,载《福建民族》2004 年第 4 期。
37. 吕建福:《论宗教与民族认同》,载《陕西师范大学学报》2006 年第 5 期。
38. 马奇柯:《论思想政治教育保障机制》,载《学校党建与思想教育》2007 年第 2 期。
39. 马万华、陈定芳:《巨大的进步,严峻的挑战——中国女性参与高等教育世纪之交的回顾》,载《清华大学教育研究》1998 年第 4 期。
40. 孟大虎、欧阳任飞、孙永强:《教育扩展对提升少数民族教育获得的影响研究——基于 2000 年和 2010 年全国人口普查数据的分析》,载《民族研究》2017 年第 3 期。
41. 钱锦彬:《畲族中小学生心理健康状况的调查研究》,福建师范大学 2003 年硕士学位论文。
42. 邱开玉、廖梦雅:《夹缝中生存:清代畲民政治参与窥探》,载《广西民族研究》2018 年第 1 期。
43. 邱国珍、赖施虬:《民俗文化与女性社会地位——以畲族女性为例》,载《民俗研究》2005 年第 2 期。
44. 任晓霞:《性别视角下的农村女性教育现状研究》,载《青年与社会》2019 年第 11 期。
45. 沈作乾:《畲民调查记》,载《东方杂志》1924 年第 21 期。
46. 史凌芳:《“扶困 · 励志 · 强能”三位一体高校学生资助工作模式的思考》,载《学校党建与思想教育》2014 年第 4 期。
47. 石奕龙:《关于畲族族源的若干问题》,载施联朱:《畲族研究论文集》,民族出版社 1987 年版。
48. 孙绵涛、邓纯考:《错位与复归——当代中国教育政策价值分析》,载《教育理论与实践》2002 年第 10 期。
49. 孙秋云:《费孝通“中华民族多元一体格局”理论之我见》,载《中南民族大学学报(人文社会科学版)》2006 年第 2 期。

50. 滕星:《民族教育概念新析》,载《民族研究》1998 年第 2 期。
51. 王逍:《畲族民族性格刍议》,载《社会科学战线》2006 年第 5 期。
52. 王克旺、雷耀铨、吕锡生:《关于畲族来源》,载《中央民族大学学报(哲学社会科学版)》1980 年第 1 期。
53. 万明钢、白亮:《西方多元文化教育与我国少数民族教育之比较》,载《民族研究》2008 年第 11 期。
54. 吴琼:《论中国教会女子高等教育的早期发展》,载《高等教育研究》1997 年第 4 期。
55. 谢重光:《两宋之际客家先民与畲族先民关系的新格局》,载《福建论坛(人文社会科学版)》2002 年第 2 期。
56. 谢重光:《畲族在宋代的形成及其分布地域》,载《韩山师范学院学报》2001 年第 1 期。
57. 谢重光:《元代畲族史的几个问题》,载《广西民族师范学院学报》2018 年第 5 期。
58. 邢关英:《黎族的母权制遗风》,载《中央民族大学学报(哲学社会科学版)》1983 年第 2 期。
59. 薛朝红、邱丛、黄靖:《宁德市畲、汉族中小学生营养状况分析》,载《中国学校卫生》2005 年第 9 期。
60. 徐姝娟:《少数民族女性受教育权法律保障制度研究》,云南大学 2015 年硕士学位论文。
61. 杨国才:《迪庆藏区女性的教育与发展》,载《民族教育研究》2001 年第 2 期。
62. 杨渊:《西方多元文化教育理论发展之历时研究》,载《国外理论动态》2010 年第 8 期。
63. 尹玉玲、唐小平:《论国家民族教育政策的理性选择——基于多元文化主义的视角》,载《民族教育研究》2013 年第 1 期。
64. 张京泽:《民族高等教育推进世界一流大学建设的使命与担当》,载《人民论坛》2020 年第 8 期。
65. 赵峰:《论西部地区女性人力资本优先开发的战略意义》,载《甘肃社会科学》2004 年第 3 期。
66. 赵沐照:《关于畲族祖籍和民族形成问题》,载施联朱:《畲族研究论文集》,民族出版社 1987 年版。
67. 赵旭东:《一体多元的族群关系论要——基于费孝通“中华民族多元一体格局”构

想的再思考》,载《社会科学》2012 年第 4 期。
68. 赵彦俊:《民族教育理论:跨文化比较研究中生成》,载《民族教育研究》2009 年第 2 期。
69. 赵叶珠:《建国后我国女性接受高等教育研究》,载《高等师范教育研究》1993 年第 5 期。

三、古籍

1. (清)同治:《景宁县志》卷 12《风土 · 附畲民》。
2. (清)卞宝第撰:《闽桥酋轩录》,清光绪间刻本。
3. (清)杨澜:《临汀汇考》,光绪四年刻本。
4. (清)薛凝度:《云霄厅志》卷 11《宦绩》,清嘉庆二十一年本。
5. (明)黄仲昭:《八闽通志》。
6. (宋)王安石:《虔州学记》,《同治赣州府志》卷 23《经政志 · 学校 · 赣州府》录载,同治十二年刻本。
7. (唐)魏征:《隋书》卷 82《南蛮》,中华书局 2002 年版。
8. (宋)宋濂、王祎:《元史》。
9. (明)叶子奇撰:《草木子》卷 3《克谨篇》,文渊阁《四库全书》本。
10. (宋)王象之:《舆地纪胜》。
11. (清)谷应泰:《明史记事本末》。
12. (宋)所起笔:《潮州府志 · 兵事》。
13. (宋)《读刘梦得集》。
14. (明)顾炎武:《天下郡国利病书》27 册《广东 · 下》。
15. (清)赵尔巽:《清史稿》,中华书局 2006 年版。
16. (明)邝露:《赤雅》。
17. (清)周荣椿:《处州府志》,光绪三年重修本 1877 年版。
18.《福建通志》。
19.《雷氏家谱》。
20.《蓝氏宗谱》。
21.《景宁县志》。
22.《建德县志 · 风俗志》。

23.《正德琼台志》。

24.(清)光绪《处州府志·卷三·艺文志》。

25.余钟英:《古田县志》,民国二十一年。

四、外文文献

1. B. K. Panda, Education of Girlsamong Ethnic Tribal Groupsin South Asia, Indian Anthropologist,2011,41(2).

2. Cynthia C. Bartman,African American Womenin Higher Education:Issues and Support Strategies,College Student Affairs Leadership Fall,2015,2(2).

3. De Anna L. Gore & Elwood Carlson,Ethnicity,Education,and the Non – Proportional-hazardoffirstmarriagein Turkey,Population Studies,2010,64(2).

4. Derek A. Kreager Richard B. Felson Cody Warner, Marin R. Wenger. Women's Education, Marital Violence, and Divorce: A Social Exchange Perspective, Journal of Marriage and Family,2013,75(3):565 – 581.

5. Naji, Myriem. Learning to Weave the Threads of Honor: Understanding the Value of Female Schooling in Southern Morocco,Anthropology & Education Quarterly,2012,43(4):372 – 384.

6. Panitsides, Eugenia; Kiouka, Eirini Andromachi. Muslim Minority Womenin Western Thrace:Any Room for Transformative Learning,Education & Training:2018,60(6).

7. Rachel Hertz Lazarowitz,Tamar Shapira. Muslim Women's Life Stories,Anthropology & Education,2005,36(2):165 – 181.

8. Sarab Abu – Rabia – Queder & Naomi Weiner – Levy. Identity and Gender in Cultural Transitions:Returning Home from Higher Education as"Internal Immigration" among Bedouin and Druze Women in Israel,Social Identities,2008,14(6).

五、报纸文献、地方志、村史、政府文件等

1.《惠安山腰钟厝鸾峰畲族村村史》。

2.《关于加强少数民族经济和社会事业发展扶持工作的意见》,景宁畲族自治县民族宗教事务局〔2015〕9 号文件。

3.《中国儿童发展纲要(2001—2010)》,国务院 2001 年 5 月 22 日发布。

4. 云南省妇联《聚焦女童教育》,载《中国教育报》2005 年 11 月 7 日。

5.《福建省人民政府关于加快发展民族教育的实施意见》,闽政文〔2015〕505 号文件。

6. 马少云:《宁德市 2010 年人口普查资料》,宁德市统计局 2011 年,第 621 – 623 页。

7. 叶晓楠:《"春蕾计划"托起人生梦想》,载《人民日报(海外版)》2019 年 10 月 11 日,第 2 版。

8.《不让任何一个学生因家庭经济困难而失学——2017 年国家学生资助政策简介》,载《人民日报》2018 年 7 月 31 日,第 8 版。

9. 戴逸:《中国民族边疆史研究》,载《中央高层邀请著名学者讲述的历史文化问题》(上册)2005 年。

10. 潘婧瑶:《9. 10 将至,习近平对教师们有啥期望》,载人民网,http://politics. people. com. cn/n/2015/0909/c1001 – 27563832. html。

11.《景宁畲族自治县人民政府 2018 年度履行教育职责自评报告》,载 http://www. jingning. gov. cn/art/2019/9/6/art_1376127_37816652. html。

12. 杨时旸:《三人藏尸冰柜案背后:邪教全能神组织洗脑全揭秘》,载《中国新闻周刊》2019 年 10 月 17 日。

13.《中共中央 国务院关于深化教育改革 全面推进素质教育的决定》,载《人民日报》1999 年 6 月 17 日,第 1 版。

后　记

这本书是我2015年国家社科基金项目的研究成果。本书的完成首先要感谢中国社科院民族学与人类学研究所民族理论研究室博士生导师王希恩、陈建樾教授和福建省文史研究馆员蓝炯熹先生。感谢他们在我申请课题时的引导和指点,感谢他们在我收集资料及撰文时的悉心指导,感谢他们在我心灰意冷时的鼓励和教诲。

因为疫情未能深入畲族地区调查,感谢各地的畲族兄弟姐妹们对问卷调查的大力协助和宝贵资料的无偿提供,感谢课题组彭兵、邱开玉、方明、廖梦雅、张桂、邱国珍、陈麒等老师的支持和配合,更要感谢全国哲学社会科学规划办公室、浙江省哲学社会科学规划办公室的领导和社科界专家、老师的点评指导,感谢为这本书出版提供帮助的有关领导、老师、同仁! 没有你们,这本书不可能完成示人。

由于水平有限,书稿还存在诸多缺憾和不足,恳请大家批评指正。

兰俏梅

2022年11月于丽水